漢川善書・下冊

漢川市文化體育新聞出版局　編

目錄

CONTENTS

善書理論研究

善書案傳

惡報回善

徐忠德

　　此書出在清朝咸豐年間，湖北省武昌草湖門住著一人名叫艾中爽，妻子范氏。中爽的祖輩富蓋武昌，行十全大善，耗盡了家產，到了艾中爽這一代靠種菜為生。中爽為人和善，生平有兩大愛好，其一喜歡說笑話逗散放（漢川方言意開玩笑），不認男女老少，輩分高低。所以落了個混名「艾散放」。其二喜歡抹牌賭博，每天一擔菜，賣的錢輸了就回家。

　　艾散放的妻子范氏，賢淑嘹嘵（意能幹），溫良恭儉。丈夫不攢錢，她就做女工針線盤穿供吃，這好的一個女人，可惜命不好，連生八胎都夭折了。今年三十九歲又有了身孕，該得早晚臨盆。一日，散放天不亮就去賣菜，到中午還沒回來。這暫范氏發作了，喊隔壁的族弟秀清去找散放。秀清走後，范氏咬緊牙關，焚燃香燭在中堂稟告：「神祖默佑，善門之後，順產順遂，續起香爐。」這且不表。

　　再講艾散放，賣了菜到牌場約班子抹檯胡，一擔菜錢輸的差不多了，才起了一手黑八倍的好牌，剛剛停口，秀清找來了，說嫂子發作了，散放說等一下，那三個人就把牌合了。散放埋怨說等我胡了牌再發作該有幾好哇。秀清拖他回家。

　　散放回家扶范氏進房，然後到鄰灣來接劉穩婆。劉穩婆前二十年就死了老伴，無兒無女，來到艾家見范氏疼的只抽。劉婆忙叫散放去燒熱水，自己一邊安慰范氏，一邊尋片子。見床寸上綁著兩串錢，藏得有些隱蔽，劉婆沒有做聲，散放將熱水送進房就退出去了。劉婆叫范氏咬牙用力，生下一子，范氏發了血昏，劉婆撿好生後，偷了兩串錢，掉在褲

帶上，神鬼不知。臨走之時，囑咐散放過兩天接她來洗三。劉婆走了。

到了次日，范氏叫丈夫上街買糖、油麵、豬腿。散放說沒得錢，范氏說床頭床寸上有兩串錢，散放一看說沒得。范氏懷疑是他拿去輸了。

第一場

范氏怨夫

奴的夫這樣做其心何忍　　積蓄的只有這兩串錢文
我放在床頭間札札緊緊　　人不知鬼不曉幾月有零
是防我在月裡調置葷飲　　你不該拿得去輸與別人
我曉得這幾天菜潑了糞　　眼見得不能賣手無分文
我看你兩手搓七弄八混　　想必是指甲癢拭了摳金
扯奈子拭臺胡是你性命　　押單雙推牌九死不如人
擲骰子抹骨牌合腰輸盡　　打天九代抹滿十輸九不贏
並不念為妻的生產苦景　　想點糖壓血窩萬萬不能
不說是養兒女肚中空盡　　那雞蛋和油麵未見眼睛
從昨日到今朝沉沉悶悶　　吃餿粥喝冷水點點冰心
夫且看你的妻治的毛病　　渾身軟心內煩眼花頭昏
妻足滿三九春四十已進　　若是那富豪家如落天星
奴的夫不顧家賭博當頓　　妻跟你造的孽說都可憐
我想你的兩串錢未必輸盡　　你何不拿出來與我平分
再不然奴的夫實意不肯　　你稍微把幾個吃點小葷

散放回詞

我的妻說些話冤枉得很　　哪一個偷你錢輸與別人
我平日好玩錢高人一等　　怎奈我運不至故而不贏

實指望去玩錢走個大運　實指望去賭博大振家聲
我在那賭博場慢慢湊本　又誰知背時鬼纏住腳根
我每回一擔菜輸了乾淨　皆是我命不好不能由人
想前日去抹牌希奇得很　別人家只是胡我一牌不成
我身上帶的錢合腰輸盡　我並未落個聽故而不贏
前後思左右想主意打定　將佳子充生兵把砍助成
牌桌上那些人眼睛又狠　一嘴巴打得我不敢做聲
幸喜得打的輕還不要緊　我又去押襖子去抹摳金
實指望這一回定要趕本　又誰知我還是只輸不贏
無奈何我只得東遊西混　回家來我也曾到處找尋
我只想找著錢好去趕本　哪知道箱櫃內並無分文
賭博場看夠頸去過乾癮　一夜晚我何曾閉了眼睛
今日裡弄到錢賭場而進　一氣的只輸得身無半文
剛取得八倍牌方才落聽　秀清說你在家發了肚疼
你那錢我實在未有看見　你苦苦冤枉我所為何情
想往回我本是偷錢趕本　這一回實在是未偷錢文
勸賢妻你不必傷心太甚　等待我贏了我去買油葷
倘若是成一牌走個大運　我自然包點糖壓你血心

　　范氏最後說了句「你未拿，是誰拿了？未必是劉穩婆。」散放聽了忙到鄰灣去問劉穩婆，劉穩婆不但不認而且發誓賭咒：「我若偷了錢，讓我遭天雷打，你若冤枉我，死你做種的兒子。」「劉婆，賭個麼咒，沒拿就算了，我不該問的，您老莫怪。伢洗三還是要您勞神的。」「好啊！洗三我來。」散放回家對妻范氏說了劉婆賭咒的情況。

　　到了洗三的那天劉婆來了。她早就想好，只有死他做種的兒子，我才脫了偷盜的名聲。這個老婆子黑了良心，就下手用針刺嬰兒的肚心，

包好嬰兒後放在床上。這暫范氏在廚房裡辦中過，劉婆說月母子燒個麼火呢，我不吃，告辭走了。范氏進房發現嬰兒未有呼吸，死了，就放聲大哭。

第二場

范氏哭兒

哭一聲我的兒珠淚滿腮
為娘的從懷兒直到現在
娘懷兒一個月混沌難解
八九月兒長大吃娘血塊
兒奔生娘奔死魂飛天外
兒下地娘還魂三寸氣在
兒的父一生的把他無奈
你的娘在家中紡紗興菜
常餓得眼昏花提心吊擺
我總是不憂氣自勸自解
娘生了七八胎一個不在
我如今四十歲年紀已邁
哪知道我和兒今又命壞
你說是豆麻喜又無熱礙
你說他是臍風三朝難待
你說是過關殺形容未改
我的兒死得巧真是奇怪
我昨日請先生八字來派
這學生要讀書莫看懈怠

剛三朝就死去投什麼胎
受的苦比黃連更還苦哉
到兩月三月內嘔吐難捱
十個月要臨盆膽割心裁
少遲捱不下地命難活哉
想兒父安置娘有去無來
不管天不管地死好抹牌
又無油又無鹽缺米少柴
不管我懷孕人有無病災
這是我八個字前世安排
盡都是短命鬼闖了攏來
實指望生一個長命乖乖
不知是什麼病神仙難猜
你說是被窩關抱在娘懷
你說是動了筋並未觸腮
你說是作嘴瘋唇口張開
怎不叫為娘的傷心悲哀
這八字是你的祖宗培栽
到後來定不止一個秀才

他算兒十六歲要把頂戴	十九歲占鰲頭位列三臺
我的兒只生得令人可愛	眉又清目又秀圓臉方腮
天庭滿地角圓超群體態	兒容顏逗娘想如花未開
奴的夫你拿錢去還賭債	你何必惹穩婆發下誓來
活活的犯咒神把兒命害	你摸胸想一想該是不該
只顧你在賭場圖其爽快	並不管你膝下有無兒孩
我看你悶沉沉心中恩揣	我縱然埋怨你悔不轉來
你把這舊小衣舊紅幃帶	把兒屍好好包緊緊沉埋
看一個好地方多用土塊	怕牲畜將兒屍扒了出來
你看妻是怎不牽腸里礙	哪一日看得見我的乖乖
夫說是命裡有黃金難買	我看你命裡無怎樣下臺

　　散放用蓆子包好嬰兒，夾著去埋。經過賭場看夠頸，別人埋怨，他才匆匆往亂葬崗而來，草草挖了坑，將蓆子放坑內填土後，歸家安慰妻子。

　　再講散放的兒子，被劉婆一針刺了肚心，幸好有本莊的土神、本縣的城隍菩薩護著肉體。因艾家祖輩善功浩大，范氏發作之時焚香稟告，土神、城隍已來到艾家保護善門之後。散放埋兒走後，二神護著嬰兒肉體來見冥王，不可誤收亡魂。冥王上奏天庭，賞善罰惡，玉帝差雷公電母火速將嬰兒擊活送歸艾家。劉婆犯咒神遭報。

　　當夜，風雨交加，雷聲振耳。散放夫妻聽見門前有嬰兒的哭聲，開門抱進來，脫了濕衣服，見肚心一口針已退出。范氏說：「我冤枉了夫君，不過還要去墳前看一看，究竟這伢是不是我兒。」散放雖有些害怕，還是約了幾個賭友往亂葬崗而來。

　　此時風停雨止，埋伢的坑前好像立著一塊碑。因天還未亮，看不的確，散放喊眾人打的燈籠火把攏來一看，哪裡是什麼碑，是劉婆手拿兩

串錢跪在坑前。散放明白了，是劉婆偷錢害死嬰兒，遭了惡報，犯了咒神。圍觀的人群議論紛紛。劉婆悔過。

第三場

劉穩婆自悔

我劉氏跪墳前自悔自恨	大不該貪小利見財起心
悔不該對散放血口不認	悔不該生詭計良心何存
悔不該用大針良心喪盡	悔不該下毒手刺兒肚心
悔不該發誓願又邪嘴勁	悔不該招口孽驚動咒神
我指望害死他兒子性命	我劉氏才好脫偷盜名聲
殊不知虛空中活神顯應	昨夜晚天色變電閃雷鳴
一炸雷擊得我魂飛魄盡	又提我跪只在小兒墳坑
並還有兩串錢我也拿定	死不死活不活睜著眼睛
滿場中看的人成群打陣	有武漢和三鎮人皆知聞
艾老闆你與我把道士接請	打雷教把罪悔重做新人
勸世人莫學我把德來損	勸世人莫學我犯了咒神
看起來人不可作惡太甚	舉頭頂三尺高果有神明
我劉氏從此後改換心性	訪一個好庵堂出家修行

散放請道士來做了場法事「打雷教」救轉劉婆，劉婆削髮為尼出家修行。散放從此戒賭，夫妻二人勤扒苦做撫子讀書成名。這正是：

劉婆貪財敢欺天	冤害嬰孩赴九泉
疏而不漏有天眼	惡報回善列書篇

金玉滿堂

徐忠德

　　漢平帝在位時，徽州地方有一個人名叫葉元善，妻何氏膝下二子華堂、茂林，華堂娶妻李善瑜，既賢淑又行孝，茂林未娶，弟兄雖成年怎奈家貧無力養親，只得在州內吃分軍糧，恰逢邊關作亂，京城調人馬平賊，兩弟兄只得辭別爹娘入伍登程而去。這且不表。單講行孝的媳婦李善瑜在家總是克己奉二老，過了幾載，漸漸日食難度，自己餵豬、紡紗，孝敬公婆，自己忍饑受餓，每餐候二老吃了飯，然後用米湯煮野菜充飢，二老生疑，以為媳婦偷吃好飲食。這天大發雷霆罵起媳婦來了。

第一場

公婆罵媳

罵一聲李善瑜心頭冒火	做的事壞天良全未思索
你丈夫臨行時諄諄說過	原教你盡孝道侍奉公婆
想從前還誇你孝道不錯	到如今誰知你面善心惡
每餐飯你怎不同吃同坐	為什麼吃完後另外燒鍋
想為是好飲食藏藏躲躲	你完全對二老忤逆刻薄
到今日被我們一眼瞧破	背地裡獨一人好吃好喝
只說是接媳婦有個靠所	像這樣我二老只死不活
這樣做你並不常思己過	怕的是眾多鄰都照你學
一定是因家貧嫌賤於我	全是我親眼見豈是刁唆
小賤人你不想前因後果	你不怕屋簷水滴在舊窩

李善瑜回詞

李善瑜跪堂前熱淚下墜　　尊一聲二公婆細聽媳說
奴的夫去從軍良言教我　　在小房曾對我再三囑託
守貧窮理家務不可懶惰　　又叫我早晚間侍奉公婆
只怪我背夫言一切由我　　穿與吃都是我一手掌握
媳不該瞞公婆背地燒火　　瞞公婆吃飲食總不同桌
不能怪家貧寒都只怪我　　這忤逆不孝罪重如山河
從今後盡孝道痛改前過　　凡百事先稟告不瞞公婆
求公婆饒恕我下次不可　　但願夫早日回事興家和

　　過了幾天，善瑜心想：這樣吃不行，我吃了二老怎能吃飽？有了，不如把我的碗中卜一個茶杯面上蓋點飯，我故意遲捱等二老吃了我再吃點野菜。誰知日子久了二老生疑，以為媳婦又在偷食美味。公公叫婆婆暗中觀察，婆婆老眼昏花見媳婦把個綠顏色的東西往飯內塞，以為是綠鴨蛋，婆婆火高萬丈，等媳婦把飯端出來，婆婆拿雙筷子一扒，現出綠茶杯，這才明白了，心如刀割，淚如泉湧。

第二場

婆對媳

叫一聲媳婦兒實在是苦　　不由我年邁人痛入心腹
自從兒到邊關出了門戶　　到如今上十年音信杳無
丟老少三口人日食難顧　　家貧窮廚媳婦紡紗餵豬
我二老年高邁累的媳婦　　早與晚奉茶水漿衣洗服
前一段我二老錯怪媳婦　　疑惑你自食美心中不服
強逼你同席坐故意支吾　　席散後一碗飯還是原物

只說是碗中間定有緣故	萬不料卜茶杯上把飯鋪
我二老一見得刀插肺腑	鐵石人見此景也要啼哭
上一次大不該責罵媳婦	怪只怪我二老看事馬虎
這樣的好媳婦皇天不負	但願你子而孫代代享福

　　二老這才知道媳婦是真孝，時至寒冬，媳婦怕公婆受凍，把自己的袷襖和馬褂脫下奉與二老穿，說自己箱內有。暗剝棕皮心想：自從盤古開天地，三皇五帝定乾坤，神農皇帝制穀米，軒轅黃帝製衣襟，不免縫件棕衣擋寒。就在燈下動手理棕。

第三場

縫棕衣自嘆

李善瑜坐燈前自把棕理	細思想貧窮人心中慘悽
顧得吃難顧穿打盡主意	怎比得富豪家有穿有吃
耳聽得譙樓上初更鼓起	想起夫到邊關無有信息
用手兒掄棕線絲絲抽砌	一尺五二尺六長短不齊
分兩股合一根鴛鴦交遞	將棕線對燈光穿進針鼻
二更裡見窗外雪蓋滿地	一陣陣朔風起穿過牆壁
奴縱然受冷凍權且遮體	實可嘆二公婆受了窄逼
三更裡接棕袖手腕自比	一要短二要窄舉動合宜
奴的夫去到那邊關之地	拋下了二公婆房中別妻
我雖是挨凍餓倒還有計	丟父母難道說夫心安逸
四更裡釘紐扣好不容易	恨油干燈草盡殘燈快熄
縫一件棕皮襖未把眼閉	這好比種田人雨中蓑衣
千滴淚百行針萬不得已	擋寒冷暫救那燃眉之急

五更**揜**開衣領圈圈剪起　　雪風飄冷刺骨寒雞三啼
耳聽得二公婆嘆聲喚氣　　想必是被縟薄睡不安席
嘆公婆受寒冷奴再無計　　奴只有求青天雪止風息

　　棕衣縫成穿在舊衣之中，雖然硬撐，尚可擋寒。過了幾天，婆婆見媳穿得厚實便問：「媳婦穿的什麼？」「為媳穿的件綠襖。」婆婆說：「為婆的想走姨娘家，你把這件綠襖借與為婆穿幾天如何？」媳婦說道：「這衣不適合。一是顏色不好，二怕火燭。」婆婆變了臉說道：「你不借就算了，什麼顏色不好，什麼怕火燭……」媳婦只得脫下，婆婆見是棕衣，淚如雨下，拉住媳婦的手大哭。

第四場

婆婆對媳

上前來扯住媳的手　　　止不住珠淚往下流
你跟著為娘把苦受　　　家貧寒苦媳受勞碌
我二老冷得渾身抖　　　不該向媳婦把衣求
媳脫下袂襖不吝口　　　可憐兒身上現出肉
口口聲說你箱內有　　　只說有好衣來存留
今日裡見你穿得厚　　　兒說這襖子是絲綢
一心想借衣人戶走　　　擋風寒上下可遮羞
媳說是件絲不償口　　　又推說棕色防火燭
倒叫婆一時猜不透　　　只說是不肯反添愁
今此上逼你才發怒　　　誰知媳脫出現棕兜
媳婦兒孝道真少有　　　怎不叫為婆哭破喉
為婆的錯怪你莫憂　　　要念我年邁白了頭

為媳不憂。從此兩老總是過不得媳婦，又思念兒子十載不歸，禍福難料，終日憂愁，臥床不起，病在床榻。又無錢醫治，媳婦駭得魂飛魄散，只得在後園焚香禱告虛空過往神聖保佑二老病癒，身體健康，媳婦情願減己壽添二老的壽。

　　過了幾天，媳婦在後園挖菜園，挖出一缸金玉，稟知公婆，公公叫媳到州衙去報，徽州官奏知皇上，龍心大喜。乃孝婦所感，欽賜金玉滿堂匾額，懸掛門前。元善夫婦擺香案敬神，將金玉換錢修房買田，成了巨富。正坐家中，忽聽報導：葉大人兩弟兄歸家祭祖。不一會，有二人到門前下馬，見了葉元善口喊爹尊，急忙下拜，一門喜慶，賀客盈門，假滿上任。茂林也娶了妻室，弟兄為官清正，子孫發達，二老高壽。特別是孝媳李善瑜美名永傳。

木匠做官

徐忠德

清朝康熙年間，河南省南陽縣陳朝善家富，配妻張氏賢淑，夫妻好善，四十得子取名福保，一歲時吳正安先生為媒說合，與鄰村黃大富的么女秀英為婚。黃大富膝下有三個女兒，長女金英許與李文，次女玉英許與曾定邦，么女秀英許與陳福保。

單說陳家撫福保到四歲這一年朝善病亡，安葬後，年歲饑荒，地方窮人無法，張氏行善，救難濟急，落於家貧，日食艱難，福保無力上學，到十三歲跟舅父張全仁學木匠，學了三年，今已十六歲。

這時候黃大富起了嫌貧之心，心想：我那兩婿都是秀才，他是木匠……不免勸女另嫁。

第一場

黃大富勸女

秀英姑娘且坐定	為父有言你且聽
非為別事把你訓	為你終身大事情
先前將你許陳姓	兩家八兩對半斤
目前陳家多貧困	你配木匠多丟人
兩個姐夫把學進	人比人來氣死人
父要將你另許姓	免到他家受苦辛
丫頭如若不答應	父要打死小賤人

秀英求情

秀英跪地淚下墜	爹尊息怒聽兒說
學習木匠也不錯	衣食不缺可過活
父親何必用心左	要退婚姻不思索
銀錢是個傷身禍	許多英雄無下落
富貴淫逸多懶惰	福盡終身受落薄
貧窮辛苦自可過	先苦後甜人亦多
兒去不會多挨餓	莫諒窮人無下落
江西朱熹藝學過	後點狀元志超卓
爹尊說話太過火	能摸難看後頸窩
嫌貧愛富切不可	只怪女兒命太薄
前後話語兒說過	還望父親細思索

「你這賤丫頭不聽話，你要嫁陳姓，莫想我辦嫁妝，生得賤，給我滾！」「滾就滾，罈子總是要滾的。」

再說陳木匠現已十六歲，同行的師傅們勸他接人，「你岳父有錢，又沒有兒子，他要抬舉你不讓你用錢的」。木匠聽了覺得有理，所以母子商量請媒婆求親，誰知媒人上門見了黃大富提出陳家求親，黃大富開口要金首飾、衣物，還要四十串錢作娶妻費，媒人回覆木匠母子，都無法籌辦。還是多虧福保的舅父硬氣，打了包票如數辦齊，擇期九月十六把黃秀英接進了門。可憐的秀英財主的女兒出嫁一件新衣也沒穿，一月滿按風俗應該打轎子接姑娘女婿雙回門，到了十月十六中午，都不見轎子來，秀英一想：還過兩天是我父五旬壽誕，等了兩天還是不接，小兩口只得自去，木匠做活，秀英燒火、過早，三姨夫同桌，要說「人字起人字落」，李文：「人不能宏道，非道宏人。」曾：「能者安人，智者利人。」木匠無法，這時三喜把他一揪，木匠生氣：「人對不到人，人還

揪人。」眾人大笑。過了早又做木活。

　　中午吃酒，三喜接幺姑爺暗栽紅蘿蔔頂，坐席上哄堂大笑，木匠氣回。女客坐席三女同桌，兩個姐姐刻薄妹妹，賣富奚落秀英。

第二場

金英、玉英賣富

今日果然貧富有	富的歡喜貧的憂
只有窮人生得醜	不怕人前把臉丟
酒席場中來助數	誰個睬來誰個瞅
你我生來命裡有	一生衣食總不愁
每日穿新又換舊	不是緞子就是綢
糙米飯兒拿喂狗	布衣布服賞家奴
平常大呢和胡綢	棉綢紡綢是打粗
五百銀子到漢口	六百銀子到蘇州
非是我們架子扭[1]	有錢不得不風流
有事就叫丫環做	當時換了當時收
你看有人真糊塗	偏偏要跟窮骨頭
一日三餐難到口	哪有銀錢吃魚肉
窮人愛長三隻手	見了東西有些偷
怕她順手摸起走	把她抓住過細搜
她不知趣快些走	取名叫做不知羞

1　架子扭：方言，指擺架子。

秀英氣得淚流下了席，哭進母親房中對母親說了要回，母親給魚肉帶回，秀英回家安慰了福保和婆婆，把帶回的菜煮好安置婆婆吃，打了幾兩酒，決定要丈夫出外求學，這暫與丈夫餞行。

第三場

秀英與夫餞行

尊夫君慢飲酒妻有話講　　今日事望夫君切記莫忘
笑我夫無功名是個木匠　　栽一個蘿蔔頂太不應當
奴的夫並不是愚蠢之相　　不過是因家貧未進學堂
為妻的今勸夫立定志向　　一心心丟手藝求學外鄉
我的娘暗贈銀三十六兩　　為妻的交與你帶在身旁
切不可在學中閒遊放蕩　　須當學古君子寢食俱忘
婆婆娘在家中妻知孝養　　早問安晚侍膳衣服洗漿
但願夫此一去學習為上　　但願夫此一去身入朝廊

福保回詞

賢德妻一番言語有道理　　囑咐我出門讀書求發跡
夫一定把你良言牢牢記　　下決心頭戴頂子回原籍
陳福保不會辜負妻美意　　不得中有何面目見親戚
夫去後家中事情全靠你　　家貧窮妻要耐煩莫焦急
夫此去發憤攻書立志氣　　妻莫要常常掛念望歸期
常言道十載寒窗非容易　　要等待十年歸家探母會妻
人問我只說出門做手藝　　讀書事切切不可對外人提
天已晚為夫天明早早起　　請賢妻收杯盞都要休息

一夜無話，天明木匠辭母別妻一路訪問名師，到了清泉山，有一書生名叫陳朝煥，叔侄相稱，收了三十六兩銀子，取名陳廷獻，讀了兩年五經，六年入學，八年中舉，十年點翰林放陝甘兩省大主考。上本與母親和妻子請了誥封，准假三月，由水路歸家，吩咐手下如此照辦。自己木匠打扮回家，見了母親和妻子說了實話，又聽母親說了秀英十月臨盆生了男孩，取名壽生，今已九歲，一家人大喜。剛好是十月十八，打點去岳父家祝壽。夫妻二人到了黃家，秀英到後房會母去了，木匠在前堂坐地上等，大姨夫問道：「這幾年在哪裡做手藝？」陳：「這幾年在禮樂書數之中做手藝乎。」李：「一木焉能支大廈？」陳：「半罐也假作滿乎？」李：「你會文嗎？今日岳父壽期我們講壽。」陳：「不論請出。」李：「高壽長壽必得其壽。」陳：「齊年百年加我數年。」李：「杖國杖朝皆為人間大老。」陳：「日耋日耄共祝世上神仙。」李：「過冬官之府總是一個木匠。」陳：「入秋圍之場兼管百官大夫。」李：「東啟明，西長庚，南極北斗誰為摘星子？」陳：「春芍藥，夏牡丹，秋桂冬梅我是探花郎。」（二姨夫曾定邦武秀才不服）曾：「身為木匠，何日能登龍虎榜？」陳：「口讀聖賢，此時足踏鳳凰池。」曾：「胸藏韜略經國家，居然膏吾車抹吾馬。」陳：「手提羊毛安天下，可須稱爾戈比爾干。」（曾低頭無語）二人對不贏，黃大富走來說莫理他，坐席喝酒，李曾二人上座，木匠自坐中間。二人又要說。李：「我以坐字為題，坐字一邊一個人，當中一堆土，糞土之牆不可污也。」曾：「一來字一邊一個人，中間一根木，朽木不可雕也。」陳：「夾字一邊一個小人，中間一個大人，我把兩膀夾死兩個小人。」

　　出菜了又要說一個字拆開，兩個字前言附後語。李：「一個朋字二字同，同頭霜與雪，要得前言附後語，哪個月下霜，哪個月下雪。」曾：「一個出字兩個山，二字同旁錫與鉛，哪個山出錫，哪個山出鉛。」陳：「一個呂字兩個口，二字同旁湯和酒，哪個口喝湯，哪個口喝

酒。」

　　兩個姨夫望著他吃喝，正在此時，忽聽門外炮響，有官員押來三架盒子，李文、曾定邦、黃大富迎接，被吼退跑進門藏躲。盒子抬到壽堂，押盒官跪在木匠面前稟道：請大人、夫人更衣。兩夫妻更了衣拜壽。

恭維岳父壽齊天　　　諸親百客滿堂前

愧無厚禮來相見　　　望祈岳父要海涵

如今請問事一件　　　桌子板凳堅不堅

趁我今天有空閒　　　幫忙豎起不要錢

　　黃大富羞得面紅。正在此時忽聽鑼聲響亮，旗傘轎馬高腳牌子「翰林院」兩頂大轎，一人跪稟：「奉太老夫人之命，接大人歸家祭祖。」夫妻上轎走了。

　　黃大富愧悔不及，李、曾二人驚恐萬分。陳大人假滿上任為官清正，後來子孫發達，世代為官。

善惡分明

徐忠德

　　書出在清朝宣統年間，湖北省漢陽縣傽山所轄金家灣，有位員外金淦鑫，靠敲詐勒索，壓榨窮人佃戶起家發的橫財，為富不仁，片善不修，慳吝刻薄。地方上的人把他苛待窮人的手段編成歌謠：

　　　金淦鑫真是奸，一碗辣椒吃三天，夥計們，細點咽，辣椒便宜要油鹽，淦鑫的活做不得，去得早，回得黑，六十文錢打對折，還有十文用不得。論飲食，好慘淒，麥米飯，水饑饑，半碗腐乳半碗蛆。半碗豌豆半碗殼，半碗蝦子半碗腳，一碗醃菜得烏雲，一碗豆渣得祖墳，南瓜瓠子切不贏，切得薄薄片片，這邊看得見那邊的人。

短短的歌謠，連三歲的小伢都會唱。

　　卻說員外府中有兩名長工梅森木、江淼水二人同年同月同日生，二十多歲，都無妻室，為人心慈良善，忠厚淳樸。

　　書中單講有一天，梅森木、江淼水隨員外到漢川縣城賣了糧食，走到東門河邊見人群擁擠，原來是河堤邊搭的善臺宣講善書，主僕三人擠到臺口，見臺上的善書先生在唱勸世文：

第一場

勸世文

各位老幼請安靜	聽我唱段勸世文
百善第一孝先領	萬惡之首是姦淫
凡是男子應務正	女子要做好典型
為人須當細思忖	善是人間幸福根
善人千秋人人敬	惡人萬載落罵名
世間貧富雖不等	都要有顆善良心
善惡到頭有報應	虧心暗室有游神
這段善文聽得進	必定家和萬事興

　　臺下聽江梅二人是聚精會神，聽得津津有味，金員外卻聽不進，連催帶吼要他二人快走。

　　回到漢陽，梅森木、江淼水二人每日都要做些力所能及的善事，打草鞋送人錢不要；為孤寡老人端屎端尿，貪黑起早，補路修橋，員外卻說二人是苕。

　　一日，員外大發雷霆，吩咐惡奴將一位害病的老僕婦拖出府，趕出門外。可憐這位老媽媽行走艱難，倒在路旁泣不成聲。恰好這時，江梅二人收工回來，見是廚房的劉媽，忙上前扶起問她怎麼倒在路旁。

第二場

劉媽對江大哥

未開言不由人淚如滾豆	江大哥請聽我泣訴情由
我是個苦命人兒女無有	老伴死到金府做了僕奴

在他家已經有十年之久	腳不停手不空如同馬牛
到如今得了病就趕我走	金員外這老狗心比蛇毒
無家可歸唯只有尋條短路	了卻殘生我確實冇得活頭
你說是認我為母怎麼能夠	原來是聽了善書願把善修
我的兒心良善皇天必佑	只唯求金員外惡報迅速

　　二人認劉媽為義母，找員外辭了長工，輪換背老人回到江淼水的破屋，延醫調治，並無大病，只是勞累過度。經過休息，又有二子盡孝，老母康復以後，叫二子在屋前屋後開荒種菜，無菜賣就砍柴，比做長工強多了。

　　轉瞬到了冬月初一，那天天色將晚，二子砍柴冇回，劉媽在門前懸望，忽然一群烏鴉飛進菜園，老人趕進菜園，哪裡有什麼烏鴉，只有個碗口大的洞發銀光，剛好二子回了，問明情況，用挖鋤挖到一塊青石板蓋，揭開一看，乃是兩缸白銀，內有諫帖一張，上云：善功雖小，念爾心誠，賜你二人金銀均分。江梅二人得了美報。

　　再講金淦鑫，養的兒子不成器，倚財仗勢，打死了人命，官司打到漢陽縣，縣官帶和，合白銀三千息案。老頭捨不得銀子，結果兒子頂命。員外心想兒子沒了，還有銀子，錢是養命的兒。冬月初一那天早晨，打開金庫盤存，誰知一群烏鴉飛進來，叼走金銀。員外因憂成疾，躺在床上用火盆取暖，失火燒得一敗如灰，葬身火海，落了個可恥的下場。

　　這正是：歷來良善有美報，自古奸佞無下稍[1]。奉勸世人以善者學，惡者誡。

1　無下稍：指沒有好下場的意思。

巡按斬子

徐忠德

　　明朝成化湖廣武府江夏縣有一個人名叫薛義，為人老實，妻子崔氏
非常潑惡。薛義有個胞弟叫薛勇，秀才身分，娘子周氏為人賢淑。

　　兩弟兄堂上父母雙亡，家庭富豪尚未分家。大娘想占家產把兄弟夫
妻當成眼中釘。適逢朝開大比，薛勇商量了哥嫂進京趕考，臨行時哀告
嫂嫂照應。誰知薛勇一走崔氏就把弟媳打入了磨坊。可憐周氏已有幾月
身孕，在磨坊日夜磨粉，到次年正月十五那天要臨盆分娩產生一子，自
己咬臍剛剛包好，大嫂知道了，說她生的是妖怪要把嬰孩弄死，要周氏
抱到荒郊拋丟，周氏不敢不聽抱姣兒走到青風亭，咬中指寫血書。

第一場

周氏丟子

周氏女青風亭對天告稟	尊一聲虛空中過往神明
抱姣兒跪塵埃淚往下滾	有娘生無娘撫說都寒心
奴的夫求功名去把京進	恨只恨崔氏嫂不義不仁
起毒心占家財方法想盡	強逼我進磨坊十月臨盆
在磨坊生一子五官秀俊	可嘆我咬臍帶自己接生
我嫂嫂下毒手要謀兒命	苦哀求跪面前她不准情
寫血書放金釵將兒包緊	丟只在青風亭令人心疼
遇善人撿回家心施惻隱	缺子星就把他當著親生
但願兒離了娘無災無病	無娘兒自然有皇天見憐

我的兒成了人莫把娘恨	怪只怪兒伯母狼毒絕情
兒落到善人家莫忘根本	長大後須當要知恩報恩
將姣兒放亭內心如刀絞	娘只得狠心腸轉回家庭

　　單講此地有一人張遠秀年已五十七歲，老伴趙氏，無兒無女，打豆腐為生。今天兩老想到城內去看燈，路過青風亭撿回嬰兒。討奶喂羹取名繼保讀書，當成心肝寶貝四季穿新，兩老將積蓄都花完了。繼保十六歲有同學罵他是野種，回家追問，張遠秀實言相告，並拿出血書金釵，繼保把憑證拿起就跑，二老就追趕兒子且按下不表。

　　回書單講薛勇點翰林封御史，不准假，奉旨管軍。只有報鑼回家。薛義夫妻盜細軟逃走，周氏獨守家庭。思夫想子一十六載，望到了薛大人差人接夫人到京。周氏坐車到了青風亭，見二老追趕一少年，夫人吩咐停車，問少年的年紀一十六歲，夫人就喊兒呀！此時張遠秀也趕上來了聽這夫人喊兒忙說道：你這夫人喊他是兒有何憑證？「有血書為證。」張遠秀忙將繼保手中血書接過手要夫人念。

第二場

夫人念血書

上寫著薛周氏叩首檢衽	苦命人多拜上撿子恩人
若要說丟子情一言難盡	再寫著姣兒的出生年庚
甲子年元宵節紅日當頂	不寫姓取名磨坊門產生
苦命人生一子不能扶引	兒胸前藏得有金釵一根
任憑那撿子人另取名姓	撿回家撫成人就算親生
縱然有相會日不回本姓	不辜負撿子人一片善心
放只在青風亭望空拜稟	又祝告虛空中過往神明

保佑我無娘兒無災無病　　願恩人抱回家讀書成名
書念畢轉面來施禮動問　　老大伯一定是撿子恩人
今日裡雖然是母子相認　　談敘後請恩公千萬放心
叫一聲繼保兒切莫拗性　　讀書人決不能負義忘恩
若不是恩父救焉有活命　　兒還是隨恩父轉回家庭

張遠秀回詞

聽夫人說的話通情達理　　不由我張遠秀無限感激
十六年前元宵節走到這裡　　我二老聽嬰兒哭哭啼啼
急忙忙抱在懷歡天喜地　　抱回家討奶水喂與兒吃
一口一度我們是願心願意　　兒睡乾娘睡濕從不焦急
兒吵夜我把他抱在懷裡　　滿房轉時常到半夜雞啼
好不容易到七歲送往學裡　　我們總是克自己供兒穿吃
撫繼保十六歲實在不易　　指望是年老了有個靠依
今日裡放學回發了悶氣　　問情由吐實言他心如火急
將血書拿起跑追到這裡　　萬不料遇夫人真是稀奇
夫人的一番話本有道理　　繼保兒不肯回不好強逼
望夫人問繼保是何心意　　好和歹全在於繼保心機

　　夫人道：「繼保說他進京會了父就回來侍奉您二老。」遠秀道：「那也可得。」二老回家按下。

　　周氏母子進京到了御史衙門夫妻相會父子團圓。薛大人叫兒子回張家侍奉二老，繼保要求在京城從名師讀書決不忘養父母之恩。薛大人才應允。又派人找尋兄嫂，哪有蹤影。書中交代，二人已被虎吃。

　　薛大人每次對兒子說要寄錢張遠秀，繼保說二老有錢先前一挖一壇。不覺三年遇恩比繼保點狀元封翰林院大學士改名薛繼保，回江夏祭

祖路過青風亭。恰巧張家二老現在討口在此歇息。聽保正說：「繼保做了官，歸家祭祖馬上從此路過。」二老大喜，等了一會兒，果然來了，二老喊：「繼保兒！」「誰是你兒？本院姓薛。」二老跪地，他也不認老頭，罵了他一句，他命手下將老頭活活打死，趙氏喊冤，他又命將趙氏掀下岩，殺人滅口。正在此時，忽聽道鑼響，巡案大人駕到，保正也喊冤枉，巡案住轎，問明，准了狀。命地保帶趙氏做好狀詞，命人收了屍。叫當地衙門把公堂設在青風亭，看的人很多，大人命手下帶趙氏和繼保。

第三場

趙氏見巡案

見青天忙跪下我把冤訴	尊一聲老大人請聽重頭
實可嘆我二老年老無後	青風亭撿一子接起香爐
抱回家無奶吃一口一度	辛辛苦苦撫養他年滿十六
要會他親生父我不攔阻	誰知他到京城永不回頭
做了官今日裡從此過路	不肯認我二老反而成仇
打死了我老頭還要滅口	呈狀詞我又怕斬斷香爐

接出繼保求情

張繼保上前來一禮奉上	尊一聲慈愛的恩母老娘
求恩母疼愛我包涵原諒	怒為兒一時錯莽撞荒唐
恩母娘你千萬不能遞狀	從今後我一定改換心腸
饒了兒定將娘生養死葬	我還是不姓薛依然姓張

巡案罵子

聽奴才說的話惡氣往上	罵一聲狗奴才不憑天良
打死了你恩父該把命償	為父的定要把正義伸張
不斬你難伸張百姓冤枉	
子：斬了兒豈不怕斷了煙香	老父親請三思仔細一想
問父親你膝下幾個兒郎	
父：絕了後不讓你逃脫法網	我薛勇不斬子不算忠良
子：勸父親你不要太把肆放	可知道兒乃是國家棟梁
翰林院大學士威武跨像	量父親你不敢大膽反常
如不信與父親當面結掌	打死了一乞丐這又何妨
父：罵一聲你這個忤逆孽障	你膽敢在法堂大膽猖狂
官與民犯了法都是一樣	尚方劍先斬你後奏吾皇
下位來叫趙氏再莫上當	你趕快把狀子呈上公堂
叫人來摘冠戴快將他綁	將兇犯拖下去斬首法場

　　薛巡案斬了親生子，人人歌頌，安葬了張遠秀，將趙氏收留供養，回京奏明皇上，官升吏部尚書，幸喜周氏懷孕生二子接起薛、張兩家煙祀。

珍珠塔

徐忠德

　　此書出在明朝嘉靖在位的時候河南省洛陽縣方家臺，有一人名叫方定，在朝官居御史，清正廉明。夫人李氏賢淑，頗知書理，膝下一子取名方清，此子乃老爺、夫人年過四旬望的寶貝，週歲那一年方定被嚴嵩父子陷害打入天牢，在牢中吐血身亡，夫人只得帶幼子扶老爺靈柩回原籍安葬了老爺，在祖墳旁搭草棚居住，撫幼子到六歲親自教子讀書，方清長到十歲每天撿柴。

　　有一天，方清打從學堂經過聽先生周本立講課，先生明知是善門之子，收他讀書，還供他伙食。讀到十七歲，縣中有考，方清入了學，不幸周先生病故。到了次年夫人想起當初兒子週歲時，兒的姑父陳廉禮部尚書有意將他女兒陳翠娥許與兒子，不免叫兒子到他姑父家借銀赴試。對方清說了前後，親自寫了書信拿出傳家之寶「白玉蓮墜」交與兒。方清次日登程，非只一日到了山東歷城，看相無錢打欠條，問財：「財落空，被財害，有貴人搭救，二十歲能發跡。」問到大東街陳府，正遇大人六旬生日，門公通稟大人：「大人的侄方清！」大人吩咐請到後面更衣，前堂會客，恰巧被一丫環紅雲知道了忙報知方夫人：「夫人，您老的舅侄方清來了！」「穿戴如何？」「穿的窿衣，大窿窿小窿窿。」「叫他來見我。」「是」。（姑母上）

第一場

方清見姑母

方氏：你是方清嗎？

方清：小侄正是方清。

方氏：你來做什麼的？

方清：一則是來看姑父母，二來求周濟，借三五百兩銀子，日後加倍奉還。

方氏：說的好聽，來看姑父母的，你拿得來咧，四兩半斤也是你這舅侄的心。

方清：一則家貧如洗，二則路遠不便，還望姑母原諒。

方氏：我們吃得喝得誰要你們看？要借三五百兩銀子，不怕撕破口，我就有錢放賬也不會放到你河南洛陽，我今天賀客滿堂，你來怎不穿好點來？

方清：姑母！溫飽不恥有仲由之賢，鳩衣百結有子夏之儉，況侄兒口讀聖賢縱然衣衫襤褸也不為恥。

方氏：你可知：「君子也要正其衣冠尊其瞻視。」

方清：哎喲！我大不該來的喲！

方氏：哪個接你來的，哪個請你來的。

方清宣

一聽此言好著氣　急得侄兒淚悲啼

（窮人氣大你的祖墳埋在哭山上，只曉得哭。）

為借銀兩到此地　有無隨便望憐恤

（憐恤，我憐恤不得許多。）

說些言語下不去　我雖貧窮志不低

（志不低，你怎不穿好點來？）

溫飽不恥聖人意　何況我今穿破衣

（像叫花子，丟人，丟我的人。）

嫌貧愛富良心棄　不念侄兒念舊戚

（越說我越氣，當初為姑母的出嫁，你爹辦了些什
麼……）

龍游淺水遇蝦戲　虎落平陽被犬欺

（這個短命鬼，還在罵我咧！）

從今不來巴結你　這門親戚永不提

（阿彌陀佛，謝天謝地！）

休諒侄未登科弟　苦儘自有出頭期

（出頭，出麼頭，出骨頭，出斧頭，走了好。）

氣得方清不辭而去，走至花園遇著小姐的丫環采平奉小姐之命送銀
五十兩還有餈粑、寶塔，方清收下出花園走了。

再說陳廉大人不見內侄前堂會客，忙去問夫人，大罵夫人不見，忙
帶銀兩騎馬追上了方清，贈銀許婚，收下了方清的白玉蓮墜，姑侄分
手。

大人回府責罵了夫人叫采平將白玉蓮墜交與小姐，陳翠娥收下了寶
墜暗暗歡喜不表。

再說方清走到松林遇見四個強盜，劫去包裹，又將他掀入了九刃枯
井。不知生死如何按下。

單說四個強盜分了銀子寶塔不好分，把寶塔拿到陳大人的當鋪來
當，管事先生生疑，交大人一看，問了女兒大驚，寶在人不在凶多吉
少，只得將四賊交官審問，供認掀人入枯井，將四賊監禁，派人打撈枯
井無人，又命人到河南探信不表。

再說方清的母親李氏自從兒子走後久旱不雨，又遭了火災，只得沿門求食到山東尋子，誰知來到山東，聞人言方清被賊打劫，李氏好似五雷轟頂，哭到一口水塘邊投水，多蒙尼僧相救留在白衣庵寫經書，這且按下。

　　再說陳廉大人派的人到河南探信，見方家祖墳旁的草棚化為灰燼，問鄉鄰才知方清未歸，李氏夫人也不知下落，只得回山東覆命。陳大人和女兒聽了心如刀割，日夜憂愁，陳大人憂病了，小姐到白衣庵求神保佑父親病體痊癒，保佑方公子逢凶化吉，保佑舅娘平安。小女情願重修廟宇。正在祝告遇著李氏夫人聽得一清二楚，問明了，彼此相認。小姐囑咐老師父好生照顧舅娘，一切費用都由她負擔。安排好了，小姐告辭按下。

　　回書再說方清在枯井中呼救，恰遇朝中有一位刑部侍郎畢古臣大人告職回山東歷城老家，路過枯井救回，收為義子讀書。方清也差人到洛陽探母，去的人未回，朝夕擔心。遇朝廷恩比，畢大人勸義子進京求名，改名山東歷城方成，點了狀元，封都察院，賜尚方寶劍，路過姑母家前扮道童試探。

第二場

唱道情

天生人原不一般	塵世上有苦有甜
富豪者休嫌貧賤	理當要賙濟飢寒
如今人實在眼淺	不中賢只中衣冠
雖至親不肯顧盼	即內戚也不生憐
誰知道皇天有眼	貧與富有個循環
如不信細聽吾嘆	唱幾個古聖先賢

呂蒙正寒窯安站　　唐李旦叫花鄉間
朱買臣曾把柴撿　　伍子胥吳市求餐
百里奚五羊皮換　　官夷吾脫囚遇桓
葉野地依尹耕畔　　渭水河子牙執竿
有韓信命運阻險　　遇姑父收留家園
他姑母起心不善　　把韓信當著戲玩
到後來名揚姓顯　　輔高祖一統江山
勸世人心田改換　　莫愛富莫把貧嫌

　　這時方氏夫人知話中有刺，不要他唱，采平看出是方公子，忙去對大人稟明。大人命采平請至花廳待茶，你與小姐去問他怎麼當道童，不務讀書？采平照辦，小姐來至花廳一見是公子道童裝扮就怒氣衝衝。

第三場

老表會

見表弟不由我心頭火噴　　急得我這一陣怒氣生嗔
你本是讀書人斯文一品　　就該在務詩書打點功名
縱然是名不成也當務正　　為什麼去學道出家修行
誰知你無志量不肯習正　　辜負了我父親一片好心
早知你無志氣把父擋定　　決不得許與你這門姻親
你說是另許字名節要緊　　女子家原本要從一終身
細思想這都是奴的苦命　　到如今害得奴進退無門
奴問你出家人以何為本　　既說孝你的娘何處安身
你要把實情話對我細論　　奴然後把你娘說出實情

方清回詞

一聽得表姐問母親住站	不由我小方清珠淚不乾
自那年到貴府登門拜看	被姑母幾句話氣回家園
采平姐她將我誑言留轉	蒙表姐贈送我寶塔盤纏
被賊人掀枯井險把命斷	多蒙得畢大夫救回家園
收留我在他家習讀書卷	朝如斯夕如斯不敢貪玩
遇恩比點狀元道裝打扮	探小姐到底是如何心猿
哪知道賢表姐心腸可讚	為小弟保全節等我貧寒
這是我實情話對姐細嘆	望表姐把我娘說出根源
若不信取捨印付與姐看	賢表姐拿得去仔細一觀

　　小姐接印道：「舅娘在白衣庵。」方清拜見了姑父母親往白衣庵接母到陳府。次日方清帶隨從回洛陽造府祭祖畢接母回家。擇期與陳翠娥拜堂成親。正飲酒時，門官報導：「相士來了，不飲酒，不討錢，只借寶塔一觀。」大人叫夫人取出珍珠塔交與相士，相士接塔就往外走，拋在屋頂端端正正。相士道：「塔在屋頂，可分狀元忠奸，為官清正，此塔四面玲瓏，光輝照旭。若為貪官，則黑暗不明。」說罷飄然而去。三月假滿，具本面聖，聖旨下：「李夫人義烈老太君，陳翠娥孝義一品夫人，陳廉夫婦、畢古夫婦由方清養老送終。」方清後為禮部尚書，子孫為官世代簪纓。盜塔的賊死於牢中。

女駙馬[1]

徐忠德

明朝湖廣襄陽府南門外五里，李兆庭父早逝，母親孫氏在堂，自幼飽讀詩書，十四歲入學，家中先富後貧，父親在世時請媒說合與當地馮順卿員外之女素珍訂婚，當時門當戶對。單講馮順卿當日在朝，為兵部侍郎，夫人王氏膝下一子一女，子少義洪門秀士，不幸王氏去世，兵部大人代看一雙兒女，告職歸家樂享田園。復娶劉氏，對前房子女視如眼中釘，百般搓磨，這時馮順卿見她有幾分姿色，十分寵愛她，少義見父心變，離家逃跑，準備到河南舅父家投親不提。家中只有素珍，丫環春風，劉氏總是看不順眼。單講李兆庭母子，歲荒，生活無著，不能讀書。一日奉母命到岳父家求借貸，馮順卿一見窮相，拿出三百銀逼寫退婚。

第一場

李兆庭寫退婚

一聽此言好著氣	岳父說話真蹺蹊
當年兩家都同意	馮李二姓托婚提
嫌貧愛富無道理	逼寫退婚實難依
修諒兆庭無志氣	我雖貧窮志不低

---

1 又名《玉麒麟》。

蘊袍不恥聖人意	何況我今穿破衣
龍游淺水遭蝦戲	虎落平陽被犬欺
手提羊毛筆添起	書寫退婚志不移
從今不來巴結你	這門親戚永不提

　　寫了退婚一氣就走，丫環春風隔簾聽清，上樓稟告小姐，氣倒在地，丫環扶起說姑爺走得不遠，趕他轉來，進花園月色微明，開箱拿出銀一百兩，玉麒麟一支，進花亭，命丫環花亭外聽風。

第二場

李兆庭對馮素珍

多蒙得賢小姐將我來問	請聽我李兆庭細說分明
想當年我兩家結為秦晉	萬不料到今日悔了婚姻
遭不幸父早死家中貧困	母子們度春秋碗米無存
人到了矮簷下才領母命	才動步到你家借貸紋銀
實指望我岳父賙濟貧困	誰知道你的父翻臉無情
他見我貧窮人衣帽不正	就說我是窮鬼起了偏心
嫌貧窮愛富貴居心不正	在堂前強逼我要寫退婚
我當時只氣得心如刀刐	提羊毛寫退婚大步出門
你的父取銀兩三百元整	家雖貧志不移不要銀兩
你的爹在客堂冷笑一陣	說我是窮骨頭不能翻身
聞此言氣得我心頭火噴	未必然貧窮人就不昌榮
出門來一邊走一邊思忖	塵世上又哪有久富長貧
春風姐隨後追將我叫應	說小姐在花園等候小生
但不知賢小姐有何話論	有什麼心腹話對我說明

馮素珍還詞

聽相公說的話珠淚難忍　　不由我淚下落愧殺釵裙
我和你好良緣前世注定　　請相公莫懷疑千萬放心
看起來我二人都同命運　　是赤繩來繫足佳偶天成
還不幸生身娘早年喪命　　丟下我兄妹們孤苦伶仃
父又娶劉氏女心術不正　　哪知道我的父與他同心
只逼得我哥哥無處逃命　　黑夜晚逃出外杳無音訊
叼唆父害我兄還不消恨　　為什麼又害我失信悔婚
勸相公回家去把握拿穩　　馮素珍願傲法前輩古人
奴願學劉玉蘭匹配蒙正　　奴願學王寶釧不嫁豪門
呂蒙正困寒窰趲齋當頓　　到後來中狀元四海留名
薛平貴與寶釧寒窰受困　　做了官大登殿富貴榮華
只要是李相公志向堅定　　馮素珍願學那英臺抗婚
雖然是寫退婚不足為證　　李相公你不要二意三心
在腰中取紋銀百兩相贈　　拿回家一定要攻讀詩文
朱買臣他砍柴苦讀發憤　　如囊螢如映雪安求功名
還有支玉麒麟無價之品　　贈與你表決心好生收存
到後來執其舜作為憑證　　奴與你在花亭重定婚姻
願相公攻詩書功名有准　　到那時大登科接奴過門
恨夜短話太長難以敘盡　　我二人在花亭難捨難分
叫春風送相公小心謹慎　　請相公出花亭切莫高聲

　　話聲剛落，馮順卿和劉氏帶著家奴攔住，不准出花園，為何來得這麼巧呢？因為劉氏心竅最多，在假山石後暗聽。劉氏罵了素珍一頓，馮順卿令家奴將李兆庭綁送襄陽府，告他拐女潛逃，盜竊錢財，府官受賄，堂上審問。

第三場

李兆庭堂詞

尊一聲老大人容我告稟　　且容我小生員敘述詳情
住本城南門外五里路徑　　小生員本姓李名叫兆庭
自幼兒在學中習讀孔聖　　十四歲遊伴水身入洪門
遭不幸我的父早年喪命　　母孫氏守冰霜家屋寒貧
從小時與馮姓結為秦晉　　到如今我岳父起了偏心
到他家求借貸嫌我貧困　　在客堂逼著我寫了退婚
馮順卿給了紋銀三百兩　　家雖貧志不低未領紋銀
出門來遇丫環將我來請　　說小姐在花園要會小生
天將晚我只朝花園走進　　與小姐在花亭談敘寒溫
贈銀兩她叫我攻書發憤　　她說是寫退婚不足為憑
馮小姐不嫌貧令人敬佩　　她怕我不放心比過古人
何況我李兆庭斯文一品　　讀書人哪能夠拐走釵裙
亂用刑逼招供皂白不問　　又何況小生員頭頂功名
革功名冤枉我也不招認　　李兆庭我縱死不落臭名
這一陣摞得我魂飛魄盡　　這真是黑天冤從何招承
夾得我死復生難保性命　　倒不如招了供免受五刑
馮順卿逼退婚令人惱恨　　因此上盜銀兩拐女出門
提羊毛寫供單心頭火噴　　馮順卿害得我身陷火坑

丟監。單講孫氏見子借貸未歸，打聽，聞人言兆庭坐了牢，歸家辦了飯菜前來探監。

第四場

監中會兆庭對母詞

聽說是兒的娘來把兒看　　這一陣兒不由心如箭穿
怪只怪母子們命運薄淡　　平白的遭下了不白之冤
恨只恨我岳父存心不善　　不但是不借銀反把臉翻
將筆墨和紙硯放在桌案　　強迫我寫退婚退了姻緣
兒心中如火焚出門回轉　　萬不料賢小姐將我阻攔
小春風暗地裡將我帶轉　　到花亭與小姐去把話談
馮小姐他對我立下志願　　比過了劉玉蘭王氏寶釧
贈紋銀一百兩苦口相勸　　家雖貧學不輟勤把書觀
朱買臣他打柴勤讀書卷　　況古人後顯榮出身艱難
呂蒙正因寒窯趲齋討飯　　苦讀書到後來當了狀元
她說是寫退婚不足為算　　贈一支玉麒麟重定姻緣
但願我到後來鰲頭獨占　　到那時憑其舜夫妻團聚
話未盡被家奴前來沖散　　誣賴我盜紋銀拐走丫環
萬不料岳父母暗裡窺看　　還將我綁進衙不准辯冤
法堂上革功名嚴刑審判　　三夾棍兩櫓子血染衣衫
為兒的熬不過一口招案　　貧窮人縱有理不能申冤

孫氏還詞

聽我兒說冤情心如刀刎　　這一陣娘好比亂箭穿心
多只為家貧困無米當頓　　悔不該命我兒去借紋銀
只望他念至親周濟貧困　　哪曉得黑良心悔了婚姻
早知道他是個豺狼之性　　為娘的到今日悔之不贏
逼我兒寫退婚到不打緊　　這老鬼為什麼還不甘心

又害兒坐監牢誣栽罪證　　　馮順卿這老賊良心何在
兒的爹還不幸早把命盡　　　丟母子受寒貧難度光陰
只望是兒讀書求名上進　　　無銀錢來負擔下了學門
倘若是冤不白有個傷損　　　娘死後誰披麻送上祖塋
說到此娘不由淚往下滾　　　想到此娘不由得如刀割心
叫為娘回家去如何善寢　　　叫為娘是怎不掛欠兒身
善門後未必然天不照應　　　但願得凶化吉絕處逢生

　　禁子催孫氏回家，單講馮少義逃到河南投親，未遇，銀子用完，進
退兩難，投水。遇張恩惠妻趙氏兩老打網救活，帶到家就問。

第五場

馮少義對漁翁

沐老公來動問一言難盡　　　請聽我馮少義細說苦情
家住在湖廣省襄陽府郡　　　我的父馮順卿富蓋一村
生身母王氏女不幸喪命　　　還有個小妹妹名叫素珍
父又娶劉氏女心術不正　　　起毒心折磨我兄妹二人
我的父寵後母變了心性　　　聽讒言
眼看著在家中難以活命　　　因此在黑夜晚逃出門庭
逃到了河南省到處打聽　　　是準備舅父家前去投親
走到了王家村逢人就問　　　都說是他家中已經無人
到此時進退難才尋自盡　　　又多沐老恩人救了殘身
這也是馮少義不會短命　　　施一禮請問公高姓大名
倘若日出了頭得了僥倖　　　馮少義我此世永不忘恩

收為義子，改名張少敏攻書不提。單講劉氏晚母要素珍另許內侄，素珍不允，挨了一頓打罵，回樓。想李公子身坐監牢，哥哥下落不明，自己又受晚母折磨，就傷心痛哭。

第六場

馮素珍自嘆

馮素珍坐繡樓自思自想　想起了今日事令人傷悲
哭一聲生身娘命歸黃土　狠著心丟下了兒女一雙
劉氏母過門來心不一樣　待我們兄妹們狠毒心腸
我兄長逃出去不知去向　到如今也不知生死存亡
那一日李相公來借銀兩　逼迫他寫退婚拆散鴛鴦
控罪名造假案府衙告狀　只害得李相公身坐牢房
這都是晚母娘設下羅網　到今日又逼我另嫁夫郎
女子家最重的名節為上　馮素珍我縱死不嫁二郎
奴本當在閨閣難把心放　怕的是晚母娘又起不良
奴本當逃出外找尋兄長　女兒家在外面又不大方
前後思左右想無法可想　倒不如尋自盡吊頸懸梁
又想起李郎夫身還冤枉　但不知何日裡能出牢房
好夫妻不能夠達到願望　到來世再與你效配鴛鴦
小春風你叫我別把計想　希望你獻計策快作主張
這妙計你想得真正妥當　主僕們換衣帽女扮男裝
奴更名李兆庭名字響亮　小春風扮書僮改名春芳
在外面莫放蕩沉著穩當　遇著人謹開口慢道短長
叫春風你趕快收拾銀兩　主僕們女扮男逃走他鄉

主僕在月光之下，從花園逃走，離開襄陽，非只一日到了京城，到處打聽兄長馮少義，不知下落。

忽一日看到榜文，朝開大比，馮素珍投考點了頭名狀元，賜瓊林宴，插花披紅，半幅鸞駕遊街三日，回殿繳旨。皇上下詔新科狀元為東床駙馬，劉大人捧旨到，不敢違旨，謝恩。晚上進宮向公主跪求救命。

第七場

馮素珍對公主

跪塵埃戰戰兢兢直言告稟	喊一聲賢公主請聽分明
李兆庭並非是我的名姓	馮素珍我本是女子釵裙
若問我女扮男一言難盡	小女子因為有滿腹冤情
我的爹馮順卿兵部身分	母王氏只生我兄妹二人
還不幸我的娘早年喪命	父帶著兄妹們高職回程
論家財在襄陽富蓋一鄉	後又娶晚母娘劉氏進門
又誰知劉氏母心懷不正	折磨我兄妹們無處安身
害兄長馮少義出外逃命	到如今並不知是死是生
奴許那李兆庭姻緣早定	晚母娘叼唆父逼寫退婚
小丫環到繡樓前來報信	聞此言氣得我死而復生
李郎夫寫退婚氣得要命	命丫環將公子請進花園
贈紋銀一百兩叫他發憤	又贈了玉麒麟重定婚姻
奴怕他有疑惑不敢應允	在花亭我對他比過古人
奴對他表決心不嫁二姓	萬不料父和母一旁竊聽
命奴家捆綁他衙門扭進	誣賴他盜銀兩拐走釵裙
晚母娘起毒心暗把計定	強逼我許劉門另攀高親
奴無奈跑出門保全性命	因此上主僕們逃到京城

一來是尋兄長骨肉情分	二來是與李郎來把冤申
那一日在京城東走西奔	皇王爺開大比出了榜文
因此上才投考得了僥倖	沐聖恩中狀元欽點頭名
正準備到襄陽去把親省	聖旨到招駙馬嚇掉三魂
劉大人傳聖旨不敢違令	冒名姓招東床欺了聖君
望公主開天恩救我性命	成全我馮素珍永不忘恩
設妙計父王前金殿保全	赦免我欺君罪頂名招親

公主扶起，定計面聖。忽報前科狀元張少敏拜會，因張少敏前兩年進京連中三元，將張恩惠接到京城狀元府享受，聞聽家鄉李兆庭是新科狀元，招為東床駙馬，此人與妹丈同名，特來拜會。這時公主和駙馬想出計策見父王。

第八場

駙馬、公主見駕

吾皇萬歲龍耳靜	請聽皇兒講奇聞
故事出在湖廣省	一個女子馮素珍
父為兵部母不幸	自幼許配李兆庭
復娶晚母心不正	恰遇公子去借銀
逼寫退婚把計定	要將素珍許高門
宰相之子劉文俊	父在朝中是權官
素珍抗婚不應允	帶著公子進花亭
紋銀百兩來相贈	叫他讀書奪功名
二人重新把婚定	又贈一支玉麒麟
父母窺看心惱恨	晚母又把毒計生

急命家奴去綁捆	扭著公子進衙門
誣他盜銀是罪證	賴他黑夜拐釵裙
素珍一見心不忍	要為丈夫把冤申
主僕二人把計定	女裝男扮進京城
丫環小姐改名姓	素珍改名李兆庭
大比之年開文運	欽點狀元頭一名
皇王愛他好人品	招為駙馬進宮殿
若問朝廷相隔近	謝主隆恩赦釵裙

　　聖上要斬，公主保本，君無戲言，萬歲正在兩難。劉大人同前科狀元八府巡按，張少敏到，參見，平身，賜坐。萬歲言明好為難，劉大人奏道：「請萬歲赦了馮素珍收為乾公主，封為節義公主，以後招一駙馬，現在有前科狀元張少敏可招為東床，還是為官作伐，豈不美哉？」「好卻好，愛卿這次眼力要看準，再不能招一個女駙馬。」

　　張少敏奏道：「臣馮少義家住在湖廣襄陽，被劉晚母趕出，逃回河南投親未遇，投水自盡，沐張恩父搭救，收義子改為張少敏，馮素珍乃為臣之妹，同受晚母之逼，為救丈夫女扮男裝，實有欺君之罪，願代妹請罪，多蒙不斬之恩，祈聖上發赦旨襄陽府赦出李兆庭，成全他們夫妻團圓。就劉丞相所奏之本，招李兆庭為進寶狀元，可算兩全其美。」萬歲准奏。下旨襄陽放出李兆庭，敬酒。不日到京敬出玉麒麟，封進寶狀元。馮素珍封節義公主，夫妻上殿謝恩，告假。一月省親祭祖，馮順卿夫婦對子女、女婿悔過。

第九場

劉氏對子女悔詞

劉氏女對兒女自己悔恨　　悔當初我做了不義之人
夫面前進讒言要他相信　　前房子我當作眼中之釘
不是打就是罵無故逞性　　悔不該將少義逐趕出門
悔不該將素珍攀高另聘　　悔不該逼兆庭勒寫退婚
悔不該害女婿捏造罪證　　害得他坐監牢母子離分
兒和女都說是不把我恨　　只羞得我劉氏無臉見人
悔不該害兒女東逃西奔　　自從我過門來就是偏心
勸世人莫學我心術不正　　勸世人做晚娘莫照樣行
兒和女歸家來團圓喜慶　　只怪我晚母娘不會為人
中狀元招駙馬一家榮幸　　悔當初我不該做錯事情

　　自縊，安葬。李兆庭和馮素珍回家看母，母子、婆媳見面談敘，馮順卿派人來接到馮家住到假滿，同到京享受。員外家產交春風管，後來許馬進士為婚，子孫發達。李兆庭為母孫氏請了誥封，孫氏後享高壽。

　　皇上又將玉麒麟轉賜素珍作嫁禮，以後發達。馮少義將父接到京與張恩惠住在一起享受，高壽。子孫發達，接兩家煙祀。

　　襄陽府削職為民，劉氏心術不正死之不虧。

血手印[1]

楊開明

　　北宋天聖年間，安徽省鳳陽府定遠縣有個普寧寺，離寺三里多路，有戶人家姓張名春圃妻劉氏，家貧如洗，以砍柴為生，膝下一子名苦瓜，夫妻二人把苦瓜撫到三歲時，有人做媒與黃成友之女名巧姐定為婚姻，剛訂婚不久，不料張春圃得病了，喊妻進房囑咐⋯⋯

第一場

張春圃得病對妻詞

叫一聲賢德妻淚流不斷	坐床邊聽為夫細說一番
想當年妻過門家貧如洗	夫妻和如膠漆苦守貧寒
父母死無房屋又無田產	全靠我砍柴賣盤吃顧穿
這幾年我夫妻略有積攢	幸喜得生苦瓜俊秀兒男
我的兒剛三歲定下姻眷	我親家他也窮受苦不堪
我只望到後來不斷發展	將我兒撫成人花燭團圓
萬不料為夫的陡得病患	看看的病沉重好不心酸
倘若是我有個三長兩短	丟下你母子們我心不安
常言道人將死其言也善	望賢妻撫我兒千萬耐煩
夫望你守節操一塵不染	還望兒易長成百病不沾

---

1 又名《古剎奇案》。

妻能夠聽夫言牢記心坎　　夫縱死九泉下瞑目心甘
正說著眼昏花身出冷汗　　怕只怕此時刻要赴旮關

劉氏還詞

見夫君病沉重淚如豆滾　　不由我為妻的大放悲聲
想從前妻過門家屋貧困　　夫妻們無生路砍柴營生
只說是這幾年略有餘剩　　萬不料夫得病神藥不靈
倘若是奴的夫有個傷損　　丟下我母子們如何調停
你怕妻變了心腳跟不穩　　這件事望夫君儘管放心
女人家最重的名節要緊　　為妻的要守寡撫兒成人
你的妻體夫志安守本分　　上山去砍柴賣苦度光陰
我的夫有病人心要平靜　　望夫君臥床塌保養精神
切莫說對頭病醫藥難診　　再請醫換藥方病轉回春

　　張春圃死後，劉氏上山砍柴度日撫子，把苦瓜撫到十八歲，將媳婦黃巧姐接過門來，一家三口和睦相處，都上山砍柴為生，一日天氣不好，怕下雨，苦瓜叫母親不去，他一人上山砍柴，果然下大雨了，苦瓜到普寧寺躲雨，砍了一天的柴太疲勞了，把柴刀放在地下，就地睡著了。

　　單講普寧寺，是個古老的寺院，有些破舊，前幾代和尚就要修理的，總是說說了了，沒有修成，老和尚方丈決定重修寺院，改換全身。請了二十多個民工巧匠正在修理。寺內有不少的財寶，都由老方丈一人掌握財寶，他暗藏在佛像身上，佛像的後腦蓋有個洞，方丈把銀子元寶都藏在這個洞裡，這個洞其他僧人都不知道。

　　再說普寧寺後灣有個寡婦姓張名幺姑，人們叫她張大嫂，此人作風不正，她的丈夫死了多年，她想嫁人沒有人娶她，遠處的無人做媒，近

處的都知道她的作風不正，所以都不願意娶她做妻子。她和普寧寺的和尚法能勾搭成奸，長來長往，這一天下大雨，晚間和尚法能又來張氏家尋歡作樂，在門口敲門喊張氏，張氏不開門，在屋裡答話……

第二場

張氏對和尚法能詞

小法能你今天又找機會	下大雨無人走敢把門捶
我看穿你是個小氣窮鬼	我和你交私情實在倒楣
你經常黑夜裡來我家睡	只睡覺不花錢縮頭烏龜
當寡婦交情人為了肥嘴	吃沒有穿冇得把你空陪
細思想大不該見這個鬼	既身敗又名裂吃了大虧
想我的人蠻多已排成隊	任我挑任我選想誰選誰
為什麼找和尚見不見鬼	既無人又無錢空把名背
全灣人都說我為貴不貴	女人家不守節人皮枉披
莫怪我狠下心把你得罪	死和尚不守法又不守規
你不要太卑鄙屈膝下跪	跪死你不打門不圖下回
我有個單手鐲需要配對	你跟我配一對再把你陪
我說話是算數決不反悔	配成了我和你再飲交杯

　　法能在窗戶外接過了玉鐲回普寧寺，他推門見一人爬在佛像身上揭開後腦蓋，咳了一聲，那人跑了。法能看得很清楚是民工六指頭吳良，他走後，法能爬上去揭開後腦蓋一看，裡面都是些金銀財寶，他拿著往懷裡直揣，這時，老方丈來了，一手抓住法能的衣服，把他拉下來了。口喊：來人啊！法能見喊，順手把苦瓜放在地下的砍柴刀掄在手裡，把老方丈砍了數刀，血流滿地，法能的身上、手上都是血，他又爬在佛像

的身上，把金銀財寶都拿走了。在佛像的右肩上印了個血手印，他把金銀藏好後，又轉身去看了血手印，靈機一動，吳良是個六指頭，就按吳良的大拇指旁印了一指，血手印就成了六指頭的血手印。方丈的屍體躺在佛像的腳下，苦瓜睡在低處，血水往低處流，把苦瓜的衣服都染紅了。苦瓜還未醒。天亮了，苦瓜突然驚醒，兩個小和尚見方丈死在血泊中，又見苦瓜身上有血跡，柴刀上面有血，把他扭送定遠縣，老爺升堂審問……

第三場

張苦瓜上堂詞

張苦瓜跪法堂珠淚滾滾　　尊一聲大老爺請聽分明
我的父張春圃早年命殞　　我的母守冰霜撫我成人
我的娘她一生受苦不盡　　撫我到十八歲接媳過門
我一家三口人安守本分　　以砍柴為生活苦度光陰
昨日裡去砍柴風雨加勁　　天黑暗如鍋底不敢回程
在廟內太疲勞精神不振　　睡著了天鳴雷我不知聞
睡一覺到天明突然驚醒　　小和尚捆綁我送進衙門
無故的栽誣我殺了人命　　又說我柴刀上有血跡痕
還說我衣背後血跡成餅　　這冤案跳黃河洗不乾淨
人命案栽誣我有憑有證　　渾身上縱有口辯之不清
大老爺要用刑傳下命令　　駭得我戰兢兢失掉三魂
八十板打得我皮破血噴　　打斷了我的腿鮮血淋淋
這櫸子櫸得我難以受忍　　三魂渺七魄落昏昏沉沉
用夾棍夾得我命皆已盡　　猶如是閻王殿走了一巡
這苦刑難得熬昏迷不醒　　招了案豈不是有死無生

我本當無案招刑法又狠　　招了案背臭名死不甘心
罷罷罷倒不如把案招認　　老方丈本是我殺死旮冥
提羊毫劃供單決不悔恨　　招認了不反悔守法伏刑

　　張苦瓜受了不少的酷刑，苦打成招收監了。

　　單講婆媳二人，見苦瓜未回，到處打聽，有人說他遭冤坐牢了。婆媳二人想進監去看看苦瓜，問個清楚明白，到衙門口打聽，衙役說：「衙門八字朝南開，有理無錢莫進來。」需要十兩銀子可以見一面，婆媳二人到處左借無門，巧姐想了個辦法，自己找人自賣自身，為奴為僕都可以，哪知她找的是個做媒大王陳三娘，她的綽號叫「助合」，議定紋銀五十兩，巧姐拿銀回家，見了婆婆傷心大哭起來。

第四場

婆媳分離詞

見婆婆不由媳珠淚滾滾　　手扯衣揩眼淚口喊娘親
我婆媳受的苦一言難盡　　萬不料我的夫遭冤受刑
恨老爺不詳情是非不問　　無故的冤枉夫行凶殺人
我的夫老實人忠厚誠懇　　這真是黑天冤有口難分
我的夫他為人堂堂正正　　人命案栽誣他黑暗不明
為媳的望婆婆申冤上省　　找大人替我夫要把冤申
為媳的對婆婆毫不瞞隱　　你的媳已決定自賣自身
身價銀五十兩交婆承領　　媳剪髮請婆婆交給夫君
這是媳與你兒結髮情分　　結髮情從此斷兩下離分
美夫妻不能夠同床共枕　　好鴛鴦被拆散不能同群
望婆婆對你兒直言實論　　婆叫他莫為我過分傷心

只要他出了監轉走好運　　自然有賢淑女找他上門
望婆婆切不要憂慮過甚　　年邁人恐防有不測風雲
倘若是婆婆娘有個傷損　　你的媳更成了不孝罪人
這不是你的媳心腸太狠　　只當媳得疾病死入夲冥

劉氏還詞

手扯著媳婦兒心如刀絞　　不由我為婆的大放悲號
皆因是我的兒時運不好　　兒砍柴這幾年吃苦耐勞
不知道哪個賊把人殺了　　禍移在兒身上遭冤坐牢
又誰知大老爺律條不照　　用非刑將我兒苦打成招
我的兒遭冤枉性命難保　　受苦刑每一日實在難熬
只因為家貧窮無錢上告　　媳情願賣自身救夫出牢
這樣的好媳婦世上難找　　兒與媳好夫妻半路折橋
為婆的見此情魂都駭掉　　怎捨得媳婦兒痛哭號啕
媳婦兒對為婆頗有孝道　　婆指望接媳婦有好下稍
又誰知兒遭冤娘無依靠　　未想到我一家這樣糟糕
捨不得賢孝媳世間稀少　　捨不得賢孝媳心似火燒

約定了時間，第二天在媒人陳三娘家裡抬人。

再說，定遠縣有個刑命師爺姓孔名科，年進五十歲膝下無嗣，想娶妾續後，請陳三娘做媒，出銀五十兩娶巧姐為妾。

第五場

黃巧姐見恩伯詞

跪塵埃見恩伯只把頭叩　　尊一聲老恩伯請聽從頭

只因為家貧窮生活無路　　我的夫張苦瓜遭冤入獄
貧窮人遭冤枉無錢上訴　　在監牢受苦刑無門可投
小女子無法想急破腸肚　　因此上賣自身為僕為奴
奴不知老恩伯娶妾續後　　望恩伯施側隱要把情留
家貧窮我夫妻去年配偶　　無親戚無朋友又無家族
娘家父黃成友為人恩厚　　我的母王氏女甚是賢淑
家住在黃家壋三岔路口　　父和母家貧窮衣食難謀
因家貧有親戚都未行走　　父母親經常說有個表叔
聽說是在縣衙把公事做　　好多年未來往不知情由
不知道我表叔姓甚名某　　不知他是當官還是當卒
婆家有婆婆娘日食難度　　每日裡砍柴賣苦度春秋
望恩伯施惻隱把我搭救　　到來世變犬馬要把恩酬

孔科還詞

賢表侄你莫跪起來請坐　　我就是你表叔姓孔名科
因前生少修積未培善果　　故今生無子嗣去請媒妁
我只望娶一妾接起香火　　哪知道是表侄怎麼好說
賢表侄放寬懷不要難過　　有表叔幫助你把禍解脫
你的夫張苦瓜身遭大禍　　招了供畫了押證據確鑿
這案情確實是複雜繁瑣　　為叔的想幫助無有把握
因為他招了供案子辦妥　　急得我為叔的兩手直搓
大老爺脾氣躁一絆就火　　他是個虎屁股哪個敢摸
望賢侄莫著急慢慢等著　　有機會為叔的全盤合掇
賢表侄在我家暫且而過　　有消息為叔的自有發落

　　巧姐在孔師爺的家中，孔夫人把她當親生看待，暫不表。

單講劉氏婆婆，有銀子可以進監去看兒子，付了十兩銀子，才准許
母子一會兒。

第六場

母子監中會苦瓜詞

見母親問情由淚往下墜　　　　提起了冤枉事心如刀割
兒那日上山坡去砍柴火　　　　到下午突然間天降滂沱
兒走到普寧寺去把雨躲　　　　只怪我太疲勞隨便睡著
天亮時小和尚誣告於我　　　　他告我殺方丈行兇作惡
縣老爺憑血跡定了罪過　　　　法堂上逼招供辯之不脫
不知道是何人殺人移禍　　　　我身上有血跡證據確鑿
八十板打得我肉爛皮破　　　　殘酷刑實難熬肉體折磨
用欄子和夾棍嚴刑拷我　　　　不招供刑不鬆有命難活
殘酷刑受過後披枷戴鎖　　　　招了供定了罪要見閻羅
這都是為兒的該遭顛簸　　　　丟下娘受孤獨老無著落
實可嘆張門中只我一個　　　　斷絕了後代根淚如拋梭
父去世母守寡忍饑挨餓　　　　家貧窮撫為兒恩重山河
勸我娘回家去不必難過　　　　人命案栽誣我無其奈何
娘回家叫你媳莫來看我　　　　我和她夫妻情水落秤砣

劉氏還詞

見我兒遭冤枉披枷戴鎖　　　　我的兒渾身上血跡結殼
為娘的見此情心如刀剁　　　　這都是為娘的前世作惡
故今生連累兒身遭大禍　　　　人命案冤枉兒有命難活
我的兒受苦刑肉爛皮破　　　　見此情為娘的心如刀割

我的兒窮家子忍饑受餓	從未有在外面去把禍戳
媳婦兒她對娘把話說破	為救兒她自願去找媒妁
她剪下一隻髮交給於我	她叫我帶進監交你揣著
這表示結髮情同坐同臥	又表示夫妻情永遠配合
媳婦兒她形象如花一朵	長相好人賢淑性情溫和
賢孝媳她走了娘心難過	想到此為娘的只死不活
望我兒在監中心安意妥	有為娘替我兒把冤申脫
娘就是滾釘板去蹈湯火	也要把兒的冤說個明確

劉氏婆婆找人寫狀詞，準備上省去告狀申冤，放下不提。

單講朝廷正式一場考試，都是一些王孫公子進京赴考，誰的父親或祖父在朝廷的官職大，誰就能考進翰林院去，沒有後臺的只能考取進士這一類。包文拯參加了考試，沒有考取翰林，只考取了進士，奉旨去鳳陽府定遠縣做知縣。包文拯去定遠縣上任時，轎子走到離定遠縣不遠的地方一個十字路口，就衝出一個老婦攔轎喊冤：「老爺，我的兒子張苦瓜是冤枉，他沒有殺人，求大人覆審。」包公叫轎伕停下接過狀詞看了一陣，和善的對老婦人說：「老婆婆，不必心急，本官准狀，過幾天到縣衙來。」劉氏叩頭謝恩，並說望清官公斷。

包公上任後，翻閱了秋審案卷，翻出了老婦人要求覆審的張苦瓜殺僧一案。包公翻來覆去看了好幾遍，未看出什麼破綻。包公思考了一番，要為民負責。第二天包公帶包興打轎向普寧寺進發，在普寧寺周圍觀察了一番。進到大殿，一尊佛像端莊威嚴，在佛像的背後左右看了一遍，只看到地下一片血跡，再未發現別的什麼了。包公回衙對孔師爺說：「我到任數日，為何這樣清閒呢？張苦瓜的母親為何不來告狀呢？」孔師爺說：「老爺新來不知道，前任老爺曾經執行的是『衙門八字朝南開，有理無錢莫進來』。老百姓有冤無法訴說。」包公道：「原來如此，

明日全縣告示，包拯衙門朝民開，有理無錢請進來。」告示一出，劉氏第一個來衙門擊鼓喊冤，包公升堂審案，劉氏訴道：「老爺，我家住離普寧寺有三里多路，一家三口人靠砍柴度日，一天兒張苦瓜上山砍柴，雷雨不停，到普寧寺避雨，直到晚上雨不停，兒子膽小不敢回家，就在廟內過了一夜，天明兩個小和尚發現他身上有血跡，扭送到縣衙硬說是他殺死了老方丈，在重刑之下受屈招供了，這是冤枉，望青天大老爺明斷……」

包公吩咐，帶張苦瓜上堂，鬆刑跪下，包大人問：「張苦瓜，有人告你殺了老和尚，從實招來。」苦瓜膽怯地回答：「老爺，和尚是我殺的。」問：「什麼凶器殺的？」答：「砍柴刀。」問：「你既招認了和尚是你殺的，為何不服呢？」苦瓜怕又用刑，連聲說：「小人服……」

包公對孔師爺說：「張苦瓜招認了，就讓他們母子見最後一面吧。」母子見面抱頭痛哭不止。孔師爺走到母子跟前說：「這個知縣是新來的包大人，只要是你把冤情講清楚，還來得及。」苦瓜聽說是新來的包大人，推開母親衝回大堂說：「老爺，我冤枉啊，我未殺人。苦瓜把招案情況又重複講了一遍。包公聽了張苦瓜受屈招案的情況，對孔師爺說：今天又審的案子，我有三個疑點，一，砍柴刀是凶器，張苦瓜用它殺了人為何不藏起來，反而放在現場呢？二，張苦瓜衣服背後有血跡，他殺了人，怎麼前襟沒有血跡呢？三，風雨夜間就停了，張苦瓜作了案為何不逃走還要等到天明呢？」

孔師爺說：「當時我已發現此案有問題，因為前任老爺審案不准別人提問題，我不敢講，我也沒有講，這是我的不對。」包公說：「看來明天還要去普寧寺查看一遍。」次日，包公、師爺、包興三人來到普寧寺大殿詳細地查看，在神龕之下有一片血跡，發現了一支畫筆，一隻玉鐲，又轉到佛像的背後，又發現了大佛像的右肩有一隻血手印，有六個指頭。查看完畢，包公宣布封住大殿，任何人不得隨便進去。包公走出

大殿，拿著畫筆，正在思考，忽在廟門上面看到一幅古畫，八仙過海，各顯神通，正在畫，未曾完工，包公看了畫，拿著畫筆，心想，這畫筆怎麼在殺人現場呢？這裡面必有故，當命孔師爺把法能和尚請來，問：「這幅畫是何人所畫？」答：「是我寺特聘來的民工巧匠六指頭吳良畫的。」包公一聽六指頭吳良，當命法能把吳良叫來，包公一見此人一臉的絡腮鬍，兩眼角向上，看相貌很凶，對他有懷疑，對他說：我衙內破爛不堪，急需要修理，請你同我們去看一看，設計個圖樣，帶回衙，包大人升堂審問：

第七場

吳良上堂詞

大老爺坐法堂威風凜凜	請聽我小犯生從頭訴明
我姓吳單名良安守本分	父母死我一人家屋寒貧
家住在鳳陽城離此不近	普寧寺請我們裝修廟門
他要我畫個圖樣式新穎	因此上在普寧幾月工程
老方丈和我們經常接近	他是個仗義人人皆知聞
他死了我不知其中情景	老爺說被人殺更不知情
這畫筆是我的毫不瞞隱	丟失了有幾天到處找尋
八十板打得我站立不穩	兩條腿都打爛鮮血淋淋
這夾棍夾得我昏迷不醒	好一似閻王殿走了一巡
我未殺老方丈怎麼招認	打死我無招供昏昏沉沉
大老爺是清官好好查證	你不要隨隨便便冤枉好人

吳良被打得昏死過去了，孔師爺對包公說：「老爺，張苦瓜也是在重刑之下招供的，請老爺三思。」包公經孔師爺提醒，將吳良收監待

審。當天的晚上，包公到監內去看吳良，心中不忍，對獄卒說：「請個郎中來給吳良看看傷。」吳良聽了感動得落下眼淚，高聲喊道：「包大人，我有話講。」吳良說：「老爺，有一天晚上，小人無聊，慢步來到大殿，看見老方丈爬在大佛像的身上，搬開佛像的後腦蓋，往裡面藏東西，我忙閃身躲開，等老方丈走後，我爬上佛像搬開後腦蓋一看，裡面儘是金銀財寶，我正想抓一把，突然聽到門響，我就慌忙跑了，就在這時我隨身帶的一支畫筆失落了。第二天聽說老方丈被人殺死了，我就再也不敢去了。」包公聽了吳良的話，半信半疑，回到書房，剛剛坐下，有人報說普寧寺被封以後，大殿門口又有個小和尚被人殺了。包公聽了感到奇怪，這個小和尚又是誰人所殺呢？一個古寺，連續殺死了兩個和尚。看來與那些金銀財寶有關。假如說那些金銀財寶只吳良一個人知道，是他殺的老方丈，那麼如今他被抓起來了。為何又有小和尚被人殺害呢？那些金銀財寶除吳良知道外，還有其他人知道，不然小和尚不得被殺。看來不能完全肯定吳良是殺老方丈的兇手。又是誰呢？

包公叫包興把孔師爺請來，研究了一個偵破案件的方案。第二天，孔師爺裝扮成一個賣金銀首飾的貨郎擔，包公就裝扮成一個看相算命的先生。二人約定了接頭暗號。並隱蔽便衣數人。

單講孔師爺的貨郎擔，在普寧寺的前村後村左村右村穿來復去的搖貨郎鼓：專賣婦女用的寶子、茉莉、玉珠、玉鳳、耳環、簪子、玉鐲、戒指等。這一叫喚，招來了不少的婦女和小孩。孔師爺叫得更起勁了：我有好玉鐲一隻，誰要配對，我可以賤賣，折半價……其中有個婦女說：「這只玉鐲和後村張大嫂的玉鐲是一模一樣的，不多一會兒，有人把張大嫂叫來了，孔師爺一見，矮墩墩胖乎乎，團頭圓臉，一對大眼睛，臉上塗滿了胭脂花粉。走到孔師爺的跟前，嬌聲嬌氣地說：賣貨郎的，聽說你有一隻玉鐲和我的玉鐲一模一樣，讓我看看好嗎？」孔師爺笑臉相迎說：「你請看，要是和你那隻玉鐲一模一樣的話，我願意折半

價賣給你。」張氏接過玉鐲一看說道：「這只玉鐲是我的。」孔師爺說：「是我擔內拿出來的。為何說是你的呢？」張氏說：「大家都可以證明，這只玉鐲就是我的。」孔師爺說：「真的是你的嗎？那好。」孔師爺把手拍了兩下，包拯帶來便衣把張氏抓了，帶回衙去。包大人升堂，提張氏上堂……

第八場

張氏上堂詞

張氏女跪大堂哀哀哭訴　　尊一聲大老爺請聽從頭
奴的夫得疾病已歸冥路　　丟下我一個人孤孤獨獨
年輕人守空房有些難受　　一個人在家中思想發愁
家計貧無銀錢又無生路　　親戚們都借怕無門可投
有一天小僧人當門過路　　他見奴容貌美伸出舌頭
假意兒討茶喝進門不走　　說一些風流話引我上鉤
在我家不規矩伸腳動手　　他要我小寡婦暗把情偷
我當時不同意騙倒不走　　耍無賴他向我作揖叩頭
小貧婦正青春不老不幼　　年輕人就喜歡瘋瘋逗逗
死和尚他對我故意挑逗　　逗得我小寡婦想賣風流
他對我瞎胡鬧說不出口　　看起來他比我還要輕浮
我說他無廉恥又不怕醜　　說些話不中聽卑鄙下流
他說話真露骨使人作嘔　　他說我窈窕女君子好逑
小法能雖是人不如禽獸　　撩得我穩不住被他侮辱
就這樣長來往年月深久　　有一晚他又來大雨淋頭
他叫門我不開臉皮真厚　　在門口盡糾纏好不知羞
纏得我無法想急破腸肚　　那是我出難題想個計謀

我叫他配玉鐲滿口接受　　單玉鐲配成雙陪他還俗
他叫我拿玉鐲窗戶伸手　　交給他拿走後不知情由
這都是小貧婦一一實訴　　望大人寬恕我後把恩酬

　　將張氏收監。包大人吩咐衙役在普寧寺擺設公堂，老爺要在廟內審案，四鄉八鄰老百姓都來看包大人在廟內審案，把監內的三名犯人張苦瓜、吳良、張氏帶到普寧寺，又命普寧寺的和尚上至方丈下至小和尚一律都在廟內恭候，一個也不准離開。

　　包公的人夫轎馬來到了普寧寺，身坐大堂說：「佛祖的背上有個『六指頭』的血手印，這個血手印就是殺死了老方丈染的血手印，對此案有嫌疑的人都要上去比量，首先是張苦瓜上去比量。」差人報導：大小不合。又命吳良上去比量說：老爺，這裡的六指頭血手印是左手，我的六指頭卻是右手。包公命吳良下來，命法能上去比量，手掌手指，長短大小一樣。包公大怒，膽大的法能，實屬兇手，從實招來……

第九場

法能和尚上堂詞

跪法堂駭得我心驚膽顫　　我是個出家人打坐參禪
出家人心善良不會胡幹　　更不會犯殺性逞兇行蠻
老方丈被人殺是個冤案　　我法能不知道其中根源
大老爺要用刑駭破肝膽　　我是個唸佛人老實不堪
八十板打得我皮破肉爛　　無故的遭事故身受含冤
十指尖釘竹釘鮮血直漫　　痛得我死過去又把陽還
這苦刑熬不過只得招案　　只怪我貪財寶起心不端
有一天下大雨天色已晚　　順便到張氏家找她尋歡

在外面拍門叫連聲呼喚　被大雨濕透了我的衣衫
不開門在裡面與我談判　她要我配玉鐲再打門栓
拿玉鐲我急忙就往回趕　遇著了一件事很不平凡
那吳良六指頭正在作案　他爬在佛像身有個機關
後腦蓋有個洞打開一看　內中有白銀錠還有金磚
咳一聲他駭慌跑走未轉　我見他走遠了爬上一觀
洞內有金和銀亮光直閃　老方丈他轉來把我阻攔
他抓住我的衣口內叫喊　喊得我心內慌行兇下蠻
地下有一柴刀將他殺砍　把金銀都拿走又轉回還
佛像身血手印五指都染　我害怕到後日惹出麻煩
我心想血手印是個後患　要去掉還有些實際困難
前後思左右想靈機暗算　添一指害吳良坐牢遭冤
到後來我發現玉鐲失散　我就怕在現場心中不安
找玉鐲小和尚暗裡偷看　我怕他告發我惹出禍端
這是他點子低該遭冤怨　我將他殺一刀送入夕關
這是我招的供實情一段　念我是出家人望祈姑寬

　　法能和尚畫了押，上了刑具，同張氏一起被押回縣衙去了。包大人走到張苦瓜的跟前說：「張苦瓜，把你受了苦，本官償你紋銀二十兩，回家好好孝敬老母吧！」苦瓜激動地跪地叩頭。孔師爺扶起張苦瓜說：「起來，你的妻巧姐在我家，今天也來了，你們婆媳夫妻大團圓了，一同回去吧！」

　　包公又走到吳良跟前說：「吳良，希望你以後做一個正派人，再不要妄取人家的不義之財，你也回去吧！」

　　包公向法能追回了財寶金銀，重修了廟宇，普寧寺以後改名為包公廟，申文上司，回文轉來，斬了法能。張氏重責釋放。

張苦瓜黃巧姐夫妻恩愛，孝敬母親，子孫發達。

全案終了。

錯姻緣

楊開明

　　唐朝四川東部巫山縣宇行簡，妻張氏，膝下二子，長子文羲二十二歲，次子文彥十八歲，都未訂親，都是秀才，都在讀書。宇行簡早年會進，因「安史之難」閒居在巫山縣，等候聖旨發落。朝廷把安史之難平息後，安排進士。宇行簡被任命湖南湘鄉縣的知縣。宇行簡接聖旨喜之不盡，與夫人商量，把長子文羲留家裡讀書，準備今年秋季省考，把次子文彥帶到任上去讀書，辦了家宴與子離別。

第一場

宇行簡與子離別詞

在席前飲家宴父有話嘆	叫一聲文羲兒細聽詳端
為父的去上任皇恩有感	到湖南湘鄉縣去掌大權
丟我兒在家中攻讀書卷	到秋後赴省城應考一番
考中了是舉人切莫怠慢	還需要去京城丹桂高攀
我的兒讀詩書切莫躲懶	朝如斯夕如斯多把心專
兒當要體父志皇天照看	到將來一定會朝中為官
也不枉為父的把兒教管	兒成才為父的心中喜歡
這是我辦家宴把兒稱讚	兒聽教為父的免把心擔

宇文羲還詞

老父親說的話把兒教訓	父和母上任去兒在家庭

兒不才在縣考已得僥倖　　　兒讀書肯發憤扭轉乾坤
父上任到湖南湘鄉縣鎮　　　唯願父官星順馬到功成
唯願父上任去百事都順　　　也免得為兒的常掛在心
我的父受皇恩湘鄉正印　　　沐皇恩賜聖旨轄管萬民
但願父上任去為官清正　　　除邪惡保百姓清吉太平
你的兒立志向抱父根本　　　有朝日兒成才照章執行

　　宇文簡帶著夫人張氏、兒子文彥、老管家春生坐官船順風順水來到
湖北枝江縣黃陵驛碼頭靠岸，碼頭上有一隻同樣的官船，是四川節度使
韋初平的，亦是接到了朝廷聖旨調到京城去任宰相職務，膝下只有二
女，長女影娘十八歲，次女惜惜十七歲，尚未嫁人。這天正是正月十五
元宵節，晚上花燈會特別熱鬧，兩家的老爺上岸飲酒作樂。宇文彥對老
管家春生說他要上街去觀燈，老管家也未阻攔，只叫他莫玩得太晚了。

　　這元宵之夜的美景不僅吸引住了公子宇文彥，而且還吸引了宰相的
小姐韋影娘。她把丫環春英叫來，問了二小姐的病情，春英說：「醫生
說不要緊是暈船，剛吃了藥睡了。」又問：「老爺什麼時候回來呀？」
答：「老爺說晚些回來，叫小姐不要等他先睡覺。」影娘說：「今晚元
宵節花燈會，我們去看燈好嗎？」春英說：「我們是女孩子怎麼能隨便
上街呢？我們當小姐的不比相公可以隨便出走。」小姐聽了相公二字便
說：「我們裝扮相公的模樣不就行了嗎。春英拒絕說：我不幹，以後老
爺知道了小人擔當不起。」小姐再三央求，當丫環的也只好同意。

　　二人打開老爺的衣箱，小姐裝扮成相公，丫環裝扮成書僮。小姐
說：我們要改假名，你叫我尹相公，我叫你春生。主僕二人練習了男子
的動作，準備下船沒有跳板，因為韋初平老爺上岸之前囑咐管家，要他
看好船，防止壞人上船。管家見天色晚了，命船伕把跳板拖上船了。小
姐命春英把老管家叫來，管家一看大吃一驚，便問：「你們為什麼女扮

男裝？」小姐說：「我們上街去觀燈。」管家阻止說：「小姐你們不能走，今天是元宵節，觀燈的人甚多，複雜得很，萬一出了事，小人吃罪不起。」春英在一旁說好話，管家還是不同意。影娘火了說：「老爺叫你管船，又沒有叫你管他的女兒，何必多事！」老管家一聽十分難辦，只好同意她們去看燈，並囑咐春英說：「好好看著小姐，不要出事了。」春英說：「老管家，不能叫小姐，現在改姓了要叫尹相公，我叫春生呀！」管家叫船伕搭上跳板，主僕二人上岸了。老管家叮囑說：「尹相公回來時別上錯了船了。」這船邊有棵梅花樹，要認清楚。

主僕二人走到街上，家家戶戶張燈結綵，鞭炮禮花不停，人山人海，鑼鼓喧天，各種各樣的燈都有。小姐、春英隨人流往東走，因東頭有個黃陵廟，廟前有塊場地，每年元宵節各種燈都來場地表演，獅子、龍燈、彩船玩得活靈活現。影娘和春英找到一個臺階之上牆角旁邊站著，雖然是遠了點，卻是居高臨下，站得高看得遠，可以看到整個場面。這是有幾個裝扮滑稽模樣的表演者在中間唱道：

閙元宵閙元宵　　　男女老少齊歡笑
齊歡笑齊歡笑　　　做個燈謎湊熱鬧

其中有一人大聲說道：各位父老，今晚是閙元宵，大家一起雅俗共賞，我們做了幾個燈謎，用幾句話俗語打一古人的名字，我請幾位當今的秀才、來科的狀元來猜一猜。猜著了獎賞一串銅錢的綵頭，猜不著不要緊，請你臉不紅面不羞，主要是湊熱鬧。走到一個相公跟前敬了個禮，請相公猜燈謎，這位相公就是宇文彥，伸手在托盤拿了張紙條，這時千人百眾看到他，這時很靜，一聽燈謎說的什麼，二看他猜不猜得出來，四句話：

不是竹同沒左邊　　　還是驢兒沒右邊
閣下左眼長松樹　　　小姐櫻唇不是圍

　　他高聲朗讀完了猜出「司馬相如」四個字，是漢朝的大文人，人們鼓掌讚美，做燈謎的人說猜對了，這位相公很聰明，今科一定中狀元，這串綵頭拿去，宇文彥不要。做燈謎人說：「綵頭綵頭，一定要收。」把一串錢硬塞在他的手裡。然後又說：「誰來猜？」沒有一個人站出來，都怕見了這個場面。做燈謎人四處張望，望見了一個人，便說：「近的不猜遠的猜，牆腳邊下有天才。」擠出人圈走到影娘前，鞠了一躬說：「請相公猜燈謎。」影娘無法伸手拿了一張紙條，便高聲朗讀道：

孩兒不見一點血　　　從個先生忘了撇
只有一字折兩點　　　也不粗糙也不黑

　　影娘唸完猜出是「孟光」二字，是漢朝的一位女子，做燈謎的人說：「猜對了，這位相公也很聰明，不要看他羞羞答答，像個小姐，今科一定中狀元，這串錢拿去。」不少人看著他，影娘臉色通紅，有人說這位相公真的像小姐，還有人說她男長女相，影娘怕人看她，把一串綵頭忙拿過來，免得別人看她。

　　現說黃陵廟的廟主見這兩位相公聰明接到廟內用酒款待，說了一些奉承話，目的想他二人高中做官了，來廟捐些錢財，修繕廟宇改換佛身。廟主問了他倆的姓氏，宇相公，尹相公，便知道他們都是隨父上任的公子，路過此處，並說二位相公可以結識為友，又是同江而下，今後可能同科高中，為了今後好起連繫，今夜在此廟互贈詩一首，以作留念。他二人都覺得，這位廟主熱情誠懇，不好推辭。

宇文彥以影娘猜的燈謎孟光為題，詩曰：

孟光小姐千金體　　嫁了一個好靠依
她與梁鴻配佳偶　　相敬如賓美夫妻

影娘以宇文彥猜的燈謎司馬相如為題，詩曰：

司馬相如才華高　　為何他不配鸞姣
賢良淑女卓文君　　郎才女貌白頭老

廟主說他們寫得好，又勸他們再喝兩盅，本來他們都不會喝酒的人，已經喝得穩不住神了，廟主盛情難卻，又喝了兩盅，二人昏昏沉沉了。廟主說你二人都是才子，將來必得佳人……

影娘把詩稿贈送給宇文彥說：「祝宇相公早得卓文君。」

宇文彥贈送給影娘詩稿說：「祝尹相公早得孟光佳人。」春英在一旁暗笑，我們的相公是假的，哪能配佳人囉。影娘心想，我要配的是司馬相如。贈詩稿後，二位相公都急於回船，都是瞞著老爺出來的。二位相公都把綵頭錢拿出來作為廟中香火之用，告辭走了。

宇文彥、影娘、春英三人走出廟門，鬧元宵的人群尚未散，他們都在趕回船去，正走之時，忽然響起了一聲春雷，接著下起了一陣春雨，歡度元宵之夜的人群像決了堤口洪水向各條回家的道路衝去，把他們三人都沖散了。一路上雨越下越大，風越起越猛，人聲淹沒了，根本聽不見。各人向江邊走去。天上黑的像鍋底，什麼也看不見。梅花樹一棵挨一棵，看不見船。影娘站在河邊喊春生，正在宇行簡的船邊在喊，船上在等候宇文彥的老管家春生以為是在喊他，忙出來答應在這裡，相公快上船。影娘上船了，天太黑，誰也看不見誰，影娘闖進艙裡，昏昏沉沉

倒在床上就睡著了。

　　這江面上的風越起越大，是西北風，船伕對管家說：「現在起的是順風，又是順水，正好行船，我們走吧。」春生說：「老爺公子都回了，走就走吧。」於是船離岸開頭了。扯起帆來，藉著風力，又是順水像箭一樣的飛馳。第二天影娘被風驚醒了，睜眼一看，怎麼我一個人睡在這裡呀，妹妹和春英不見了，再一看不對了，才明白是昨晚上錯了船，這怎麼辦？她想這船是官船還是賊船，是好人還是壞人，一想全身發抖。她想跳江一死，卻被船伕扯住了，船伕問她不做聲，宇行簡夫婦帶到後艙問：

第二場

韋影娘見老爺詞

見老爺小女子雙膝跪下	請聽我被難人細說根芽
我的家住在那水上橋壩	我父母做買賣生意為家
父名叫尹百順他把船駕	我的母張氏女早染黃沙
小女子論年紀卻不很大	十七滿虛年齡剛到十八
我名叫尹瓊英閨閣俊雅	跟父親在船內未把岸爬
昨夜晚女裝男觀燈瀟灑	遇大雨和狂風黑岸無涯
因此上往回跑思想開叉	到江邊錯上船好不氣煞
今早晨天亮了心都氣炸	無法想投江死去餵魚蝦
有船伕和水手拉我一把	他將我拖上船細問盤查
我當時不開口也不說話	我心中很害怕如針在扎
小女子說的話並無虛假	望老爺搭救我落難女娃

　　張氏夫人見她說的無依無靠了，便說我沒有姑娘，你做我的女兒好

嗎？影娘倒身下拜，女兒拜見爹爹，拜見母親二位老人。宇行簡叫兒子文彥出來見過妹妹，進艙一看不見人才知道昨晚觀燈未回，把這姑娘當了宇文彥。船到岸了，派人去找，春生背著包袱銀兩去黃陵找相公去了。

回書再講宇文彥那天晚上被沖散後，各人找自己的船。那時韋宰相的老管家，見小姐未回船，急得團團轉，他想小姐和春英是我放走的，她們有三差兩錯怎麼得了。他站在船頭張望，看到來了個人影，有點像是小姐，他又不敢叫小姐，小姐臨走時告訴的假名，便喊了兩聲：「尹相公，尹相公在這裡呀！」宇文彥酒喝多了，昏昏沉沉，加上風雨嘈雜聲，把尹相公聽成了宇相公，認為是他的老管家春生在喊，走上船闖進艙就睡了。不多一會春英也回了，春英問：「小姐回了嗎？」「剛回來睡了」，「老爺回了嗎？」「還沒回幸好老爺不知道，還不趕快去睡覺去。」春英進艙見小姐和衣而臥，大概是酒喝多了，讓她睡吧，自己也睡了。

第二天宇文彥起來抬身一看，發現左邊睡了一個女的，再一看右邊也睡了一個女的，坐起身來，發現不是自己的船，又看到「新任宰相韋初平的封條」，這……怎麼辦？錯上了宰相船，非同小可，又闖進小姐的床上睡了一夜，這是罪大莫極了。心裡又急又怕，萬一被發現了，父親的船在附近，自己受苦是小事，父親的官職難保是大事，他走到梳妝臺前，拿女人用的粉袋抹了一臉粉，又把外衣脫下揣在懷裡，心想別人發現了，也難以認出來，他衝出船艙，見無人，縱身跳上岸，突然從碼頭跑來幾個人，馬上把他捉住了。

韋初平是四川的節度使，官大面大，目前又新提為宰相，更是官高極品了，這種一人之下，萬人之上的大人物，走到哪裡都得到地方官員的嚴密保護，不管白天黑夜都派得有人在船邊岸上防守，所以宇文彥跳上岸就被人當賊抓住了，並把他捆上了船，這裡全船的人都轟動了，韋

初平一看，見他滿臉塗粉，一看就認為他是個賊相，便立即審問：

第三場

宇文彥見韋宰相詞

尊一聲老大人容我告稟	跪官船求饒命珠淚淋淋
家住在城都府秀才身分	我爹娘他一生衣食老誠
我姓于單名俊讀書為本	年歲荒隨父親買賣經營
昨晚上黃陵廟觀燈散悶	回來時遇狂風大雨傾盆
當時在黑暗中難以辨認	錯上了宰相船其罪非輕
又在那小姐床一夜安寢	天亮時才知道大吃一驚
我急忙想逃走無計可定	只駭得小生員膽顫心驚
走到那梳妝臺滿臉擦粉	無非是想逃走怕現其形
剛剛地跳上坡又被綁捆	拉上船老大人怒氣生嗔
老大人要用刑珠淚滾滾	駭得我三魂渺七魄無存
又聽說要搜身把衣脫盡	我並非是賊人入夥同群
望大人要饒命大施惻隱	搭救我落難人永不忘恩

當時搜身，搜出了一張信紙，交與韋初平看，氣就更大了。信紙是我家的，筆跡是女兒影娘的，內容又是一首情詩，大人吩咐手下人看緊，莫讓他跑了。大人轉到中艙去問女兒，影娘不在，春英和惜惜都說今天就未看到她。大人心想可能是女兒和這小子有不正當的行為，有同逃走之意，影娘先走了，叫這小子轉來拿東西的。這是一件醜事，要是外面人知道了，宰相之女出了這種醜事，有何面目見人呢？要是皇上知道了，說我不能治家焉能治國嗎？這宰相的職務就當不成了。韋初平出來怒道：「說他偷走了我的公文，定是一名水賊奸細，他準備作大案

子，馬上給我在他的背上批明罪狀，拋下水去。」於是左右人等七手八腳把宇文彥的衣服脫下，在他的背上寫了「水賊于俊」四個字，然後又將他的腳手捆緊，拋入大江中去了。這叫殺人滅口，掩蓋醜事。

韋初平又跑進艙去拷問春英，問她為什麼不看好小姐，春英不見了。她害怕，她知道影娘未回來，是昨晚走丟了，這可惹出了天大的難子，吃罪不起。她又親眼看到被捉的賊人是昨晚的宇相公，那信紙是她帶去小姐抄燈謎用的，小姐拿去寫了詩，她親眼看到大人把宇相公拋入江中了，大人肯定饒不了她，她就投江自殺了。大人吩咐趕快要把春英找到，老管家到處尋找春英，在下游不遠的一個沙灘上找到了春英的屍體。老管家當天稟報了大人。韋初平心想丫頭投水自殺，人們會看出這當中的醜事，這必須要把它掩蓋起來，他叫管家趁黑夜無人把水賊脫下來的衣服、鞋帽給春英的屍體穿上，打扮成一個男人的屍體，這樣就把春英自殺的醜事掩蓋起來了，把大女影娘不見了的事也封閉起來，他命令船伏開船，馬上離開這個出醜之地。

再說宇文彥被拋入大江之後，沒有被淹死，因韋初平催促太急要他們趕快拋入江中去，捆綁的人慌了，只把手捆緊了，腳還未捆好就掀下江去了。宇文彥是在長江邊長大的書生，水性很好，入江之後腳手亂蹬，把腳上的繩子蹬散了，憑兩隻腳浮出了水面，手上的繩子掙不掉，掙得筋疲力盡，躺在一個沙灘上擱住了，喊叫救命，恰好來了幾個人，把他救起來了，拖上岸來，宇文彥算得救了。他面對這幾位救命恩人倒身下拜，感謝救命之恩，當他下拜起來時，他的脖子上已套上了枷鎖，「水賊」跟我們走，就把他拉進枝江縣衙去了。

宇文彥為什麼被鎖進縣衙去了呢？因為這一帶的江面上常有強人出現，殺官劫財。為首的頭領叫皮里孩，他手下有幾百名兄弟。但他們不搶老百姓，不搶清官，不搶薄利小商，專搶貪官污吏，專搶暴利奸商，遇有不平等之事，拔刀相助。因此官方罵他們是水賊，百姓說他們是義

盜，遇有官兵追捕他們，百姓常常出來掩護他們，所以官方一年四季都捉不到一個人。上司限期要捕獲水賊，枝江縣組織了專門巡捕人員到處巡捕，也未抓到一個人。今天正好幾個巡捕人員從江邊經過，聽喊叫救命，把宇文彥救上岸來了，見背上寫有「水賊于俊」四個字，他們特別高興，抓了水賊回去好交差。枝江縣的老爺見背上有水賊字樣問也不問就打入死牢，向上司報功領賞去了。

宇文彥被定了死罪，枝江縣申文上司，只等回文轉來就起斬了。宇文彥知道自己定了死罪活不了，傷心自嘆。

第四場

宇文彥在死牢裡自嘆詞

宇文彥坐死牢自嗟自嘆　　嘆我這苦命人好不心酸
我的父為清官溫柔慈善　　我的母甚賢淑內助不凡
父上任到湖南湘鄉縣官　　哪知道你的兒遭此含冤
恨狗官不審問就把案辦　　判死罪丟牢內如坐針氈
遭冤劫坐死牢實在傷慘　　兒做了不孝子好不羞慚
兒好比撲燈蛾落在燈盞　　兒好比水中魚自把網闖
宇門中有兄長煙香未斷　　但願兄鴻運轉朝廷做官
但願兄去京城鰲頭獨占　　但願兄接賢嫂恩愛如山
但願兄子而孫為官為宦　　宇門中後有人代代相傳
願父母在任上無災無難　　願父母壽期頤百病不沾
你的兒卻做了無用之漢　　養育恩未報答枉把兒盤
父和母你哪知兒把壽短　　你的兒在死牢眼淚哭乾
兒死後望父母莫把兒怨　　兒死後望父母心要放寬
兒死後九泉下陽壽未滿　　兒遭劫死陰司要把案翻

宇文彥在牢中傷心，按下暫且不表。再說老管家春生到黃陵驛來到處貼尋人廣告找不著，忽聽人說下游灘上淹死了一個相公。管家春生去一看，屍體臉面泡腫了，認不清了，衣服鞋帽都是相公的，便認為是自家的相公，心想可能是元宵之夜回船落水而死。在黃陵廟前要了一塊地，買了棺材，請人埋葬了。回湖南向老爺報告了，宇行簡全家傷心痛哭了一場，義女尹瓊英更傷心。

　　回書再講宇行簡的大兒子宇文羲別了父母弟弟，日夜苦讀，秋季省考他中了舉人，第二年京城他考中了狀元。並被宰相韋初平招為女婿，與他的小女惜惜成配了夫妻。在金殿授官時，皇帝老眼昏花，把宇文羲喊成了李文義。因為皇帝是金口玉牙，錯說當準，說錯了不能更改的，因此宇文羲的名字改成李文義了。也把他的父親宇行簡改為李行簡，均作為皇帝恩賜的名姓。皇帝恩賜的姓名是一種崇高的獎賞，要加官晉級，授李文義為御史中丞之職，命他巡查荊湘兩地，並要他招安皮里孩水賊軍。加升李行簡為五經博士，由地方官調入京城當官。於是李文義拜謝皇恩，辭別岳父，告別嬌妻，起程往荊湘兩地巡查去了。

　　李文義首先湘鄉巡查，拜見父母，說明中狀元，結婚授官改姓名和提升父親官職之事，全家人十分歡喜。父母向他說了弟弟文彥落水而亡和船中收一義女之事，全家又傷心。特別是影娘聽了又高興又著急，高興的是父親官場順，身體健康，高興的是妹妹的終身幸福，找到了這樣一個好狀元丈夫。著急的是自己終身還沒有著落，仍然沒透露自己的真名實姓，也沒有認這位妹夫。

　　李行簡帶著夫人義女去京城北上長安，準備了一塊碑。李文義去湖北枝江縣招安水賊皮里孩，一到枝江就派人去找皮里孩，透露朝廷的意思。如若他能改邪歸正，歸順朝廷封他為大將軍，仍然帶領自己的全部兄弟，為國出力，為民除害。皮里孩招集兄弟伙商量決定同意招安。就在枝江縣舉行了招安儀式宣布了招安聖旨，授皮里孩為驃騎大將軍，帶

領兄弟伙暫住城外待命。

　　李文義作為一個御史中丞之職，住在枝江城內他的弟弟宇文彥在枝江縣監獄裡。這個案子非得李文義來處理，有關水賊的案情任何人無權處理。

　　再說宇文彥他作為水賊于俊被打入死牢以後，每日啼哭，口喊冤枉，被監獄裡的獄吏盧豆看出他是冤案。盧豆這個人為人正直，頗有正義感，他見于俊長得眉清目秀，是個文弱書生，哪有當賊的本領呢？說他是賊，既沒有苦主，又沒有贓物，就憑背上寫了「水賊于俊」定為死刑，這未免有些草菅人命。暗裡又盤問一番，聽他的全部陳述，決定挽救他。不久枝江縣換了大老爺，來了個清正廉明的知縣。盧豆對于俊說機會來了，叫于俊寫個申訴書，我幫你呈縣官，盧豆又向新縣官說了些理由，這縣太爺根據情況批了幾個字「證據不足，改為疑案」，把于俊由死牢轉移到一般牢房。于俊在盼望疑案的澄清，終於把他的哥哥盼來了。這枝江縣官把水賊疑案交李文義。李文義看了案卷之後，便叫人把于俊帶來審問。盧豆把于俊帶出監獄，他是個文弱書生，身體本來就很弱，又加上坐了一年多的牢，就變得更弱了。走路搖搖晃晃，踏著一塊破磚，身子一搖晃，「砰」的一聲摔在地下，跌了一跤，把頭部摔了一條長口子，長達三寸，鮮血只流。盧豆又把他帶轉去，叫獄醫敷藥包紮傷口，只露出了鼻孔和嘴巴，眼睛都被包上了。盧豆把他帶到大堂。

第五場

于俊對李文義大人詞

尊一聲老大人容我跪稟　　　請聽我被難人訴說原因
家住在城都府有名有姓　　　父名叫于行間母親姓金
上無兄下無弟孤單獨命　　　我的名叫于俊一十九春

冤枉我是水賊我不承認　　搶劫的是何人並無證明
無故的就將我收入監禁　　既無憑又無證判我死刑
新來的大老爺未把我問　　改判我是疑案罪刑減輕
因此上我才有一線光景　　由死囚改疑案從寬減刑
老大人是朝廷官高極品　　胸寬廣見識多判案如神
望大人判此案清明如鏡　　將小人冤判明永不忘恩

　　李文義審問之後派人去詢問了皮里孩說他的兄弟裡沒有于俊這個人。李文義馬上宣布于俊無罪，實屬冤案，當堂釋放。本來就是個兄弟相會的機會，這宇文彥把面孔遮了，又改名換姓了，對面不相識。盧豆把宇文彥帶回家去請醫治創傷。

　　李文義辦完了這樁疑案之後，就接到了朝廷的聖旨，命令驃騎大將軍皮里孩帶領十萬人馬，命令李文義為督師，立刻奔赴玉門關外，剿滅入侵的外寇。李文義、皮里孩帶領大軍連夜起程，到戰火延燒的邊疆去了。

　　于俊到盧豆家中不到一月的時間，把創傷醫好了。盧豆勸他回家，便贈送他的散碎銀兩作路費，辦酒菜與他餞行。

第六場

盧豆與于俊餞行詞

於賢弟在席前寬懷暢飲　　愧為兄無佳餚與你餞行
我只有散碎銀與你相贈　　我雖是當獄吏家屋寒貧
唯願你到湖南湘鄉縣鎮　　找著了你父母團聚家庭
一路上要小心精神大振　　達到了目的地給我來音
願賢弟有考期前去赴應　　切不要耽誤了你的前程

唯願你到後來百事都順　在朝廷做高官馬到功成
唯願你接佳人團圓喜慶　夫妻和敬孝道人之常情
唯願你到後來大走好運　脫亂星換吉祥運轉鴻鈞
到那時為兄的心中喜甚　也不枉我和你結拜昆倫
我今天說的話語言粗蠢　望賢弟要包涵切莫嫌輕

于俊還詞

盧豆兄說的話我願受領　愧為弟運不佳命不由人
我今天在席前實對你論　我並非是于俊水賊之名
我姓宇名文彥真名寶姓　我的父宇行簡張氏母親
父為官上任時路過此境　元宵節去觀燈遊玩散心
就在那黃陵廟燈謎猜準　那廟主接進廟要把酒斟
到夜間回船時遭到不幸　天黑暗遇狂風大雨傾盆
喝了酒我神志不大清醒　上錯了宰相船其罪非輕
韋宰相他命人把我綁捆　他說我是水賊要動大刑
我當時駭慌了無計可定　說假名就是怕敗壞名聲
他們把我外衣全部脫盡　韋宰相見了我大發雷霆
在背後寫上了水賊于俊　捆綁後拋江內有死無生
他們在慌忙中腳未捆緊　就因我水性好兩足不停
浮水面隨水飄不知遠近　流在那沙灘上又遇難星
眾巡捕搭救我一條性命　又見我是水賊毫不留情
又將我送枝江並未拷問　丟在那死囚內不能翻身
我在那死牢內哭聲大震　多虧了盧豆兄把我恤憐
盧兄長你叫我申訴冤恨　寫好了申訴書幫我上呈
由死囚改判為一般監禁　又遇著李文義釋放殘身
多沐得盧兄長又把醫請　治好傷贈路費要我起程

宇文彥受大恩決不忘本　　到將來一定要報答恩人

　　宇文彥向湖南方向進發，走不多遠當天晚上在一個小鎮落店。他想到湖南湘鄉路程有多少，盧豆贈送的銀兩不知夠不夠用，他想去年元宵節黃陵廟的廟主對我還是不錯的，一打聽，離黃陵廟不遠，第二天早起向黃陵廟去。

　　再講李行簡全家人往京城去，路過這裡，停船，全家人去看宇文彥的墳墓。在墳前傷心痛哭，燒錢化紙，被廟主知道了，廟的和尚全部出來迎接，說是神靈的親人來了，自從老管家把屍首埋在廟前，黃陵廟的神特別靈，都說是宇文彥相公的靈魂顯靈。李行簡把事先準備好的一塊碑立在墳腳，上面中間刻著「宇文彥之墓」五個大字，旁邊刻著「五經情士李行簡立」八個字。並囑咐廟主今後多多照顧墳墓，離開黃陵廟上船往京城去了。

　　廟主和一群和尚送李行簡一家人上了船。轉來時，宇文彥看見廟主認得，走攏說：「廟主平安，學生有禮。」廟主猛地抬頭一看，大吃一驚，高聲喊著：「相公顯靈啊！」倒身下拜，所有的和尚跟著跪下，磕頭如搗蒜，口裡並說：「大神顯聖了，大神不見小過。」宇文彥見和尚把他當神，馬上解釋說：「廟主我是人呀！」和尚們本來就以為他是神，在驚慌中把人聽成了神，廟主稟告說：「相公，我知道你是神，大神顯聖有何吩咐？」宇文彥說：「我是來向你借錢的呀！」廟主說：「我明天一定給你燒錢紙。」其中有個小和尚大喊說：「不好了！鬼來了！水鬼陰魂不散要賬來啦！快跑呀！」大家爬起就跑，拚命往廟內跑，慌慌張張把廟門關了。宇文彥退到墳旁坐著哭泣……

第七場

宇文彥坐墳臺自嘆詞

宇文彥坐墳臺心境奇異　　為什麼我的命這樣出奇
我出生原本是官家門第　　就因為元宵節去猜燈謎
回船時遇大雨忙人無計　　錯上了宰相船惱怒不依
他將我捆綁後丟在江裡　　又在我背後面寫了字跡
他寫我是水賊惡名標記　　拋江內喂江豬狠毒心機
幸虧我水性好未把命棄　　流在那沙灘上又陷污泥
巡捕們見水賊渾身是氣　　他把我交枝江當匪打擊
恨狗官他對我凶惡無比　　他不問清和白就判死期
多虧了獄吏哥大施仁義　　在暗中保護我當著親戚
又多沐李文義判案仔細　　赦卻我無罪過釋放回籍
盧豆兄接他家調養身體　　遍體傷他又去聘請名醫
傷養好又安排路費行李　　他要比手足情還要親密
我今到黃陵廟鬧出把戲　　眾僧人當著神磕頭作揖
碑上的名和姓是我自己　　又是誰冒我名猜之不的
未必是這墳內是個空的　　我未死就立碑使人猜疑
人家的哭墳臺親人祭禮　　唯獨我宇文彥這樣稀奇
為什麼我就是這樣命鄙　　自己坐自墳臺自哭自泣

　　宇文彥正哭之間來了一人，盧豆來黃陵廟求神保佑的，因昨天上午送走宇文彥，下午縣太爺要他送件重要公文到京城特來求神的。他問宇文彥到這裡做什麼？答：「我想去長安考試，聽說這裡菩薩很靈，我來卜個吉凶禍神福的。」便把剛才發生的事告訴他了，又叫他看了墳上的碑，那就這樣吧，我明天就起程到京城去，我們一同去長安，你的路費

我包了。宇文彥說：「我到京去考試也有困難，名姓都沒一個，于俊是個賊名，宇文彥是個鬼名，死人的名字，這兩個名都不吉利。」盧豆說：「你要不嫌棄跟我姓盧，宇文彥一想虧哥哥幫我更生的，就改名盧更生好嗎？」好，就叫盧更生。去到京城，正好趕上了考期，一舉及第中了頭名狀元，兄弟二人高興極了，以為做夢！

再說李行簡一家人到京城後，上任了拜見宰相親家，見到了大兒媳，並對親家說，你可完了女兒的婚嫁，一身輕，我還有女兒今年二十歲了，還未擇配，這事我想拜託親家為我女兒擇配一個佳婿。韋宰相當時滿口答應了。他想到新科狀元盧更生。第二天就是朝廷擺設瓊林宴，由韋初平宰相主持宴會，在宴會向盧更生提出了婚事，他說老夫親家有一女兒，今年二十歲了，正好與你同庚，叫瓊英，長得才貌雙全，人品出眾，恰好做一位狀元夫人。她就是五經情士李行簡的女兒，前科狀元李文義之妹，此女與狀元公相配，既是門當戶對，又是天生一雙。盧更生一聽是五經情士李行簡之女，前科狀元李文義之妹，他想李文義是放我出獄的大恩人，他的父親又是我墳前立碑的好心者，生長在這樣一個家庭的小姐一定是好的，就答應了。第三天就是個好日子，在李府入贅結婚。正好李文義在邊疆打了勝仗得勝回朝，這些不平凡的事情，送恭賀的人就多了。到了中午時分狀元公盧更生打扮新郎騎著馬來到李府入贅，人們如潮水般的湧出去觀看和迎接新郎，這李行簡夫婦出來一見是兒子宇文彥，父子相認。

第八場

盧更生與父母相會詞

見父母不由兒雙膝跪稟　　　尊一聲二爹娘請聽詳情
我只說在李府喜期大慶　　　未想到父和母也在京城

你的兒點狀元幸中之幸　　瓊林宴韋宰相向我提親
為兒的在當時心中默認　　李府中千金體小姐瓊英
我心想李大人情士身分　　又是我立碑人我要感恩
李文義他又是巡查督陣　　他的妹必定是賢淑之人
因此上為兒的滿口應允　　才來到李府中招贅完婚
未想到父和兒改名換姓　　這真是錯中錯複雜新聞
父問我改名姓複雜情景　　你的兒真乃是死裡逃生
兒在那黃陵驛遊玩散悶　　回晚了錯上船惹出禍因
韋宰相他把兒當賊綁捆　　審問時兒不敢訴說真情
兒當時只說了假名假姓　　韋宰相他聽了大發雷霆
在兒的背後寫水賊于俊　　脫了衣又綁捆拋入江心
幸為兒水性好未把命殞　　流在那沙灘上又遇難星
他說我有標記水賊肯定　　送枝江縣衙內領了賞銀
你的兒在牢內哭聲大震　　沐獄吏盧豆兄代把冤申
是兄長李文義解脫罪證　　他判我無罪過當堂放行
盧兄長替為兒又把病診　　醫好病贈銀兩送兒起程
兒走到黃陵廟想借銀錠　　眾僧人把為兒當鬼當神
你的兒無法想墳臺坐定　　哭泣後才知道是我的墳
又遇著盧豆兄抽籤問訊　　他又陪為兒的進京求名
上京都去應考要報名姓　　因此上改姓盧名叫更生
兒這次點狀元盧兄指引　　韋宰相說親事是他助成
兒今日來招親父子相認　　問父親改姓李什麼原因

李行簡還詞

叫一聲文彥兒你且請坐　　這父的改姓李細對你說
就因為兒兄長文章可賀　　皇王爺玉筆點年邁眼弱

誤把兒名叫錯難以改過　　皇王爺說錯了將錯就錯
宇文義李文義字意相果　　皇王爺開金口敢說訛錯
兒的兄把情況告知於我　　因此上受皇恩恩重山河
既提薪又升級可喜可賀　　我全家被提拔恩德不薄
你問我瓊英女虛花一朵　　她非是我親生女兒閨閣
她也是女裝男把船上錯　　問明了收義女親生當著
為父的托親翁把親說破　　親翁說新科的狀元不錯
沐親翁來說合婚姻定妥　　兒今日來入贅夫妻結合
叫文義與惜惜出來迎賀　　叫瓊英快出堂來把揖作
一家人大團圓複雜繁瑣　　隨我來祖宗前多把頭磕
看起來行善人有好結果　　作惡者他下稍卑鄙齷齪
勸世人要行善心莫偏左　　做好事有好報古言不錯

全家大團圓，各敘離情。李行簡問：「我兒未死，那黃陵廟前墳墓裡又是誰的屍體呢？」

韋宰相在一旁慚愧地說：「那是丫頭春香的屍體。」全明了。這時韋宰相責問自己：「為什麼李行簡把我的女兒當親生骨肉，為什麼我把他的兒子當水賊拋入江裡。為什麼一個小小的獄吏能為死人求得更生。為什麼我是當朝宰相把活人送入死路？」感到無面見女兒、女婿，低頭走出李府，李行簡和賓客把宰相拉轉來說：「宰相大人別難過，過錯不只你一個，這個姻緣有十大錯！」

第一錯第二錯　　觀燈未向父母說　　歸家又把船上錯
第三錯第四錯　　跳船不該把粉臉抹　　捉住不該投江河
第五錯第六錯　　女屍不該當男屍裏　　廟主傳名訛傳訛
第七錯第八錯　　巡捕不該把好人捉　　昏官不該亂定罪過

第九錯第十錯　　皇帝又把名姓唸錯　　團聚機會老錯過

　　錯錯錯，錯錯錯，這叫十大錯，錯成悲歡和離合。宰相大人莫難過，一半功來一半過。新郎新娘莫難過，一半福來一半禍。以後李家子孫發達。

父子遭譴

楊開明

　　清朝康熙年間，湖北黃陂縣北門外方家灣，方大興妻李氏，子名振林，女名俊英，男十歲，女八歲，全家四口人，靠做小生意過日子，方大興打聽雲南生意好做，與妻李氏商量去雲南，在雲南落在集賢飯店，探聽貨價高漲，銷完賺銀百兩，就在本地打貨轉手，生意可好，不覺八年了。

　　再說李氏在家苦吃苦度，撫兒女盼丈夫，八年信音俱無，她打聽到黎家灣有個黎長庚，也是個做小生意的，他準備到雲南去，李氏求人寫一書信，請黎長庚帶給方大興，黎長庚保證帶到，黎到雲南，亦是落在集賢飯店，把信交給方大興了。方大興晚上拆信看。

第一場

方大興觀書信詞

李氏修書淚難忍	多多拜上方郎君
自從那年離家境	只說夫要出遠門
算來已有八年整	為何一去無信音
早知夫在雲南省	修書拜託黎長庚
拋妻別子心何忍	不仁不義枉為人
夫君得信自思忖	兒女尚未訂婚姻
重擔為妻難擔任	望夫速急轉回程
妻在家內日難混	你在外面爽精神

求張告李寫一信　　　訴說家庭肺腑情
　　說到此來珠淚滾　　　思前想後好傷心

　　方大興看信後心中難過，收拾賬目，決定準備回家，計算下來在八年中賺了三千四百兩銀子，將銀子兌換金條，二百兩銀子換一根金條，把三千兩整數換了十五根金條，下余四百兩銀子作路費用打成包裹。黎長庚的貨已銷完，前來邀約方大興一路同行，走了數日，二人如同手足，一日來到當陽縣，天氣不好下大雨了，就落在當陽縣南街祁明鏡飯店，落了號簿、地點住址都登記好了，安排二人同住一個房間。黎長庚提出要宵夜，方大興也同意，方大興打開包袱，拿銀買夜餐菜、打酒等，銀子露面，黎長庚蓄心了。在宵夜時，以酒談心，黎長庚以酒相勸，方大興酒後談出，在八年中的生意順利賺了多少銀子，換了多少金條都說了，黎長庚更加勸酒，方大興喝酒醉如泥，倒在椅靠上，黎長庚藉機將他扶上床，又開門觀了天氣，夜深了見各號都熄燈了，進房將自用的一條長汗巾，把方大興的口勒上，用力壓住！方大興欲扳不動，想喊喊不出來，不一時氣絕死了。黎長庚見方大興死了，收拾了包裹趁人靜之時，逃走了。

　　次日天氣晴朗，各客起來吃飯趕路，方黎二客沒有動靜，祁明鏡喊了幾聲無人應，進房一看，只見方客一人睡在床上，走攏揭被汗巾勒口，已經死了。祁明鏡驚駭，這是人命關天的大事，這一定是黎長庚謀財害命逃走了。當時驚動街鄰地保，籌劃到縣衙報案，為方大興申冤……

第二場

祁明鏡上堂報案詞
　　大老爺坐公堂容民跪稟　　　聽小民將案情從頭稟明

我就是本城內南街住定　　祁明鏡就是我本分為人
開設個小飯店生意茂盛　　來的來去的去忙之不贏
昨下午兩位客來把店進　　按手續登記了地點註明
方大興黎長庚二人名姓　　登記簿寫的是黃陂縣城
他們住北門外離城附近　　一貫的作小貿在外經營
天明亮各客人鬧得只震　　他二人無動靜我去喊門
見方客獨一人床上睡定　　用汗巾勒住口已把命傾
有小人見此情駭得只寢　　人命案非小可特把狀呈
倘若是不報案罪加一等　　報了案我不怕引火燒身
前後思左右想把握拿穩　　決心要替方客抱打不平
一定是黎長庚謀財害命　　將錢財劫走了跑回家庭
方大興他屍體如何安頓　　祁明鏡一定要代把冤申
小人的這番話直而無隱　　望青天大老爺判案如神

　　當陽縣准了案情，立即派了差役和刑房仵作下場驗屍，仵作在驗屍的過程中，發現方大興胸有微溫，急命拿開水來進行搶救，把口撬開灌開水加溫，開水灌不進，有經驗的仵作又叫人用雙手逞腹，一逞一鬆，開水稍有出進，仵作又命人把肛門閉緊，再一逞一鬆開水就灌進肚腹去了，方大興腹內溫加高了，慢慢地救活轉來了。當陽縣吩咐祁明鏡好好用軟食調養，在五日內身體康復了，送進縣衙把案情說清楚，本縣照案辦理，果然在祁明鏡的精心照料下，方大興的身體康復了，祁明鏡送他進衙，當陽縣升堂審問方大興……

第三場

方大興上堂詞

被難人上大堂叩頭跪稟　　青天爺駕在上請聽分明
家住在黃陂縣北門附近　　我名叫方大興忠實老誠
只因為家貧窮日食難混　　無奈何作小貿各地經營
探聽得雲南省生意旺盛　　辦一些京廣貨離卻鄉村
到地途生意好做得上進　　在當地打轉轉得意忘形
在雲南有八年未寫家信　　拋妻室和兒女說他寒心
突然間黎長庚雲南省進　　他替我代家信談敘寒溫
到晚上坐棧房拆開書信　　看信後不由我眼淚紛紛
次日裡將貨物俱已推盡　　攏賬時共計有三千多銀
將銀子換金條十五根整　　其餘銀放包內準備路程
剛剛的收拾好轉回原郡　　黎長庚他又來邀我同行
他與我是同鄉甚是和順　　行只在當陽縣天已黃昏
落在那祁明鏡店中住定　　他提出要宵夜我也應承
開包裹拿錢時現出銀錠　　黎長庚見白銀起了黑心
他將我勸醉酒人事不省　　用汗巾勒住口謀命奪銀
他將我謀死了急忙逃奔　　將金銀全劫走跑回家庭
祁老闆他為我申冤雪恨　　又遇著青天爺提審案情
望老爺將此案照律判審　　捉住了黎長庚扒皮抽筋
這是我被難人一片苦景　　望青天判明案指日高昇

老爺吩咐：叫方大興暫住祁明鏡棧房，此案由本縣替你做主，聽候發落，並要祁明鏡好好款待……

再講黎長庚回家洋洋得意，將銀子、金條點數交給妻子代氏收藏

好，具體情況未講，只說做生意發了財，準備買田置地，今後過好日子。黎長庚又到方大興家裡放信，假說雲南地帶瘟疫流行很廣，方大興受瘟疫傳染，得急病死了，他的財產全被地方的流痞光棍瓜分了。李氏得信大哭⋯⋯

第四場

李氏聞凶信自嘆詞

聞凶信不由我淚往下淌	想起我苦命人實在慘傷
只因為家貧窮無法可想	才商量做生意遠走他鄉
實只望營大利多賺銀兩	不愁吃不愁穿一生光揚
可憐我一家人朝夕盼望	盼望你有八年望斷肝腸
誰知你到今日使我失望	被瘟疫纏住你命赴陰曹
為什麼人死了財產放搶	欺負你異鄉人喪盡天良
我一家三口人有誰依傍	你叫我女流輩難把擔挑
我心想捨性命同夫一往	怎奈我又難捨兒女一雙
你的妻也只有立定志向	撫我的兒和女慢度時光
這一陣哭得我咽喉氣脹	安靈位穿孝衫苦守冰霜

李氏哭畢，安靈守孝不提。

再說當陽縣的縣官根據方大興的口供和案情的全部經過，斷定是黎長庚圖財害命，行了公文，命兩名差役將公文送到黃陂縣，仰仗貴縣協助辦理這一圖財害命的案件，捉拿黎長庚歸案，在黃陂縣的協助下，拿到了黎長庚差役繳票交人，當陽縣升堂審理黎長庚⋯⋯

第五場

黎長庚上堂詞

大老爺坐法堂威風凜凜　　請聽我黎長庚從頭訴明
有小民在家中安守本分　　肩挑擔做小貿一貫公平
從不貪意外財不把賬混　　我怎敢貪財物謀害他人
八十板打得我皮破血噴　　我並未謀害人如何招承
這夾棍夾得我昏迷不醒　　好一似閻王殿走了一巡
我本當不招供刑法又狠　　招了供豈不是有死無生
罷罷罷倒不如全且招認　　我不該見白銀起了黑心
在雲南做小貿生意茂盛　　相邀那方大興一路回程
在路途是同鄉割頭換頸　　行到那當陽縣大雨傾盆
天下雨不能走落店安寢　　買宵夜方大興現出白銀
我當時見白銀心術不正　　在席上假相好我把酒斟
勸得他喝醉得不省人事　　用汗巾勒住口一命歸陰
將他的金與銀全部卷盡　　趁人靜黑夜裡逃回家庭
有白銀有金條餘數供論　　銀三百金條有一十五根
回家去將金銀重新綁捆　　捆好後交我妻代氏保存
我心想這是我大走好運　　買房屋置田產大振家聲
哪曉得大老爺清明如鏡　　拿獲我真兇手善惡分明
萬不料方大興得全活命　　這是我自作孽自把自焚
我招的這供單直言無隱　　望老爺釋放我重新做人

　　將黎長庚收監。又發差到黃陂黎家找代氏，取回方大興的財物，等候財物取回，又招方大興祁明鏡來縣衙領物，寫上清單，由方大興簽字一一承領。老爺吩咐，祁明鏡為旅客申冤有功，應當酬謝，指令方大興

酬謝紋銀二百兩，案情真相大白。當陽縣申文上司，只等回文轉來斬首
黎長庚，命方大興回家了。方大興回店收拾包裹，辭別店主祁明鏡，肩
挑包袱回家。

　　再說方大興的妻子李氏在家紡線子，抬頭見一人肩挑包裹，方大興
進門就喊賢妻……

第六場

方大興回家對妻詞

見賢妻容顏變心中不忍　　　　你見夫為什麼這樣吃驚
苦命妻你不要猜疑不定　　　　你莫怕聽為夫說明過程
那一年夫出門雲南省進　　　　共計有八年多未回家音
在雲南做生意特別上進　　　　在當地打轉轉得意忘形
家庭中多虧妻料理照應　　　　兒和女他們該俱已成人
振林兒他今年十八剛進　　　　俊英女她也有一十六春
妻拜託黎長庚給我去信　　　　夫看信不由我眼淚紛紛
次日裡將貨物拍賣一盡　　　　連收賬共計有三千多銀
將銀子兌金條以零換整　　　　打成包輕便些好走路程
剛剛的收拾好準備回郡　　　　黎長庚來邀我一路同行
在路上是同鄉格外親近　　　　行只在當陽縣大雨傾盆
落在那祁明鏡店中住定　　　　他提出要宵夜我也應承
開包裹現出了我的銀錠　　　　黎長庚見白銀起了黑心
他將我勸醉酒人事不醒　　　　用汗巾勒住口一命歸陰
多沐得店老闆申冤具稟　　　　當陽縣驗屍體救死復生
夫還陽大老爺提堂審問　　　　我控告黎長庚圖財謀人
當陽縣聽我訴已把案准　　　　即出差捉拿了黎姓長庚

黎長庚招了供——承認	將銀兩退還我判了死刑
為夫的遭的難一言難盡	如不然我今日哪能回程

李氏還詞

見夫君回家來你妻難認	夫形容大改變老了一層
莫怪妻認不出猜疑不定	你不知為妻的得的信音
黎長庚報凶信說你不幸	被瘟疫纏住你不能脫身
不幾日被病魔傷了性命	還是他幫的忙安葬山林
地方人將財物全部搶盡	死他鄉葬異地慘不可聞
你的妻得此信昏死幾陣	振林兒俊英女口喊父親
你的妻安靈位兒女孝敬	妻每日叫茶飯哭訴夫君
哪曉得你今日回了原郡	真乃是天地間奇怪事情
兒和女都長得人品秀俊	這八年真苦了你妻一人
拆靈位辦祭品全家歡慶	慶夫君回家來大振家聲

方大興回家，全家人大慶團圓，大擺宴席，大宴賓客。

單講黎長庚有子女俱已成人了，子名德方十八歲，女名桂英十六歲。子未定婚，女未受聘。黎德方一貫不習正路，結交一些不三不四的朋友，尋花問柳，橫行霸道。有一天他從方大興門前經過，看見方俊英人品俊秀，他想：「仇人之女，我非把她搶回家去，心情好，就叫她做成我的妻子，心情不好，侮辱了不要，這樣做，報了我父親的仇。」他買了香燭，邀請了他的豬朋狗友，準備今晚搶親。

再說，方大興的妻子李氏娘家的父親花甲之壽，方大興辦了禮物同妻子、女兒俊英到岳父家祝壽去了。家裡只留兒子振林一人看家，方振林早就在學唱戲，今天他家裡都走人家了，把他的戲班領到家裡搭臺化裝唱戲，方振林扮演花旦，剛開始，外面的燈籠、火把來了，看戲人、

唱戲人都跑光了，以為是抓戲的。方振林沒有跑脫，躲在床當頭帳子裡面，被搶親人背到就跑。黎德方說：「你們說我搶不到呢？可我搶到了呢！」這時方振林才曉得是搶親的，當時說：「你們搶錯了。」背他的人說：「不錯，不錯是個小腳。」

搶回家就要拜堂成親。誰知這時黎德方得了急病，倒在地下昏迷不醒，口吐唾沫不能拜堂，當命桂英妹妹頂兄職，與新嫂子拜堂，到洞房坐帳時，聽說黎德方像豬子轟了幾下，吐血而亡。

第七場

代氏哭屍詞

眼望著我的兒已把氣斷	為娘的好一似亂箭在穿
我的兒是獨子頂天之漢	娘望你到後來侍奉衰殘
哪知道我的兒徒染病患	為什麼這樣快命赴陰關
可憐我為娘的受苦千萬	一尺五撫成人精神耗完
千遍屎萬遍尿娘都情願	娘睡濕兒睡干百事耐煩
兒死後丟為娘如同孤雁	娘百年有何人送老歸山
想先年兒的父挑肩磨擔	做生意去雲南惹下禍端
貪錢財謀性命判了罪犯	只落得問斬刑罵名永傳
兒今天做此事又是胡幹	親搶回兒死了報應循環
你父子與方家前世冤怨	父謀財子搶親其理不端
你父子遭譴責道德不管	丟下我苦命人孤孤單單
這一陣哭得我精疲力倦	快將兒穿好衣收殮入棺

代氏傷心，喪事喜事一起辦理。方振林心想：「你是搶我的妹妹與你拜堂的，把我搶的來與你的妹妹拜了堂。」越想越好笑，笑不開交，

笑得觸觸神，把手巾搗著臉笑，妹妹桂英進房見新嫂子搗著臉，以為是「哭」得觸觸神，走攏去勸說：「嫂子，你不要傷心難過，這是我們家裡的最大不幸！」越勸振林就越笑。桂英心想：「越勸越傷心。」出房對母親說，代氏說：「『她』一來就死了丈夫，哪有不傷心的呢？你進房去勸『她』，夜深了，就陪『她』睡覺。」振林真把眼淚笑出來了，桂英進房他正在揩眼淚，桂英說：「嫂子，這不哭了，睡覺。」振林坐倒不睡，桂英帶勉強把「她」拉的被窩裡面去了。一夜無書。第二天，桂英對振林……

第八場

桂英和振林洞房詞

方相公你真是粗心膽大　　　為什麼男裝女把人氣煞
男子名女子節事關重大　　　黎桂英是一個黃花女娃
只因為我兄長做事太傻　　　去搶親為什麼瞎把人抓
抓回的是男子真不像話　　　看起來這內中情況複雜
你說你在唱戲已把妝化　　　為必你不知道我是女伢
我與你拜了堂這是不假　　　只怪兄得急病命染黃沙
媽叫我陪伴你怕你欠掛　　　昨夜晚誰知我被你糟蹋
這件事莫當著好玩好耍　　　男裝女你就是犯了王法
我與你到縣衙公堂說話　　　控告你欺騙我頭要搬家
方相公你莫跪不要害怕　　　我是在嚇唬你莫生疑惑
我與你論年齡不差上下　　　配一對美夫妻頂呱呱呱

方振林還詞

賢小姐說的話我在考究　　　我與你配夫妻情意相投

在洞房我與你把話說透　　你對娘說你我木已成舟
我與你昨夜晚已配佳偶　　姻緣事這都是前世所修
你對母也不要含言不吐　　母不准我和你跪倒磕頭
你不要姑娘仔說話怕醜　　從盤古到如今自古風俗
你只說兄死了黎門無後　　娘今後一個人孤孤獨獨
女招婿在家裡不離左右　　有女兒和女婿多把恩酬
倘若是你的母不肯接受　　你就說尋短路要把河投
你的娘她聽了必然開口　　她一定答應你會把情留
你的娘答應了我把頭叩　　請賓客開宴席重拜花燭

　　桂英出房對母說：「母親，恭敬你老人家接了個好媳婦！」母說：「媳婦好，沒有兒子也是枉然？」女說：「不是個媳婦！」母問：「不是媳婦是個麼是呀？」女說：「為女說不出口，是個女婿！」

第九場

桂英見母詞

尊母親請坐下聽兒細講　　聽為兒將情況細說端詳
怪只怪我的兄做事混帳　　他去搶方俊英作揖拜堂
方俊英不在家外公家住　　方振林學唱戲男扮女裝
搶親人慌忙中只顧瞎搶　　搶男子做新娘我裝新郎
進洞房我與他正在坐帳　　忽聽說我兄長一命身亡
娘不該命女兒把嫂陪上　　到夜晚共枕時不成名堂
我本是閨閣女頭高頸望　　到今日只落得臭名難當
這件事說出去實在夠嗆　　倘若是外人知臉面無光
望母親把醜事閉口不講　　如不然你的兒吊頸懸梁

這是兒衷腸話對母不謊　方振林他與兒年貌相當
我看他心田好俊秀面相　有一夜夫妻情恩愛非常
這件事望母親仔細思想　或是行或是止但說無妨

振林出堂見代氏詞

有小生出堂來禮恭必敬　尊伯母請上坐細聽分明
我本是方振林十九剛進　在家中學唱戲男裝女人
昨夜晚搶親人鬧得只震　他把我背倒跑不准做聲
進門後要拜堂公子喪命　妹替兄來拜堂稀奇事情
在洞房我二人同床共枕　這真是巧姻緣佳偶天成
望伯母成全我二人緣分　到後來定要報伯母大恩

代氏還詞

桂英女振林婿聽娘教訓　人一生應該要本分為人
兒的父黎長庚貪財謀命　謀死了方大興天理何存
祁明鏡為旅客申冤雪恨　控兒父見白銀起了黑心
當陽縣大老爺判案有准　拿兒父真兇手正法伏刑
我的兒黎德方心術不正　他又搶方俊英拜堂成親
哪知他搶錯人報應一定　萬不料得急病一命歸陰
無有人去拜堂桂英去頂　這一頂頂出了麻煩事情
我的兒他死了應得報應　桂英女配振林合理合情
有為娘成全你夫妻和順　從今後將往事莫記在心
為願你夫妻和安守本分　為願你到後來發子發孫
一個人誠好心天必照應　做壞事總有天善惡分明
切莫學他父子遭到輿論　他父子都短命惡貫滿盈
為娘的這一生是個苦命　望你們敬孝道各憑良心

三人當面商量好了，次日放信方家，振林在黎家招婿入贅了。再說方大興走人家回來，聽說兒子被黎家搶走了。心想：「黎家搶我的兒子，肯定是為了報仇，這如何是好？」正在憂愁，黎家派人送信來了，說振林在黎家招婿入贅了，喜之不盡，熱情招待。

　　振林、桂英以後夫妻恩愛，兩家合併一家了。

　　方俊英另許人戶。

　　黎長庚斬首，代氏靠女兒養老送終。由此案看來，善惡分明，害人終害己。

　　父子遭譴。全案終了。

庚娘

楊開明

　　明朝江蘇廣陵府，中州尤家村，尤興旺妻胡氏，女名庚娘。同鄉有一金順和，妻姜氏，子大用，金大用和尤庚娘是同年生的，自小同長大，讀書同上一個學校，青梅竹馬，後來成人了，產生了愛慕之情。兩家的父母都認為是天生的一對，兩家來往密切，不是親戚像似親戚。不料金順和得病去世了，丟下姜氏母子，生活就困難了。一日，尤興旺命女庚娘送一條鯉魚大用母子吃。被山東巡撫大人李精白的內侄王十八和惡僕阿三閒遊碰見了，這王十八是個好色之徒，家有八房妻室，仗著姑丈巡撫大人的勢力，到處橫行霸道強搶美女，他見了庚娘長得如花似玉，美貌無比，他與惡僕阿三商量，決定娶庚娘為九房，請媒上門遭到拒絕。王十八心想：「金大用不去掉，庚娘是不會死心的，商量惡僕，想法除掉金大用。」一日，金大用送友袁洪毅投軍廣陵府，轉來遭到阿三帶人暗中將金大用打倒，碰著相救，送他回家，不久兩家的父母怕出事，叫他們結婚了事，金家寒酸點，尤家減免點，擇了日期花燭成親。王十八不甘心，命阿三等人在斷崖旁劫走庚娘，又遇金大用之友王俊卿救出。金大用和庚娘終於結婚了。次年中州大旱，有部分百姓聚義造反，王十八趁混亂之機，又想搶庚娘，誰知金大用與庚娘見中州百姓造反有些混亂，怕出事，同岳父母商量到廣陵袁洪毅家去過一段時間，尤老夫婦一同去了。王十八命人追趕，是夜，尤老夫婦和女兒庚娘女婿金大用宿荒村破廟，王十八帶領惡僕阿三等人趕至，阿三進廟搜尋。這時，突然月移風動，如鬼使神差，王十八和惡僕都駭跑了。王十八丟掉了祖傳下來的一口小巧玲瓏的短劍，他們逃走後不敢再來了，這口短劍

被金大用和庚娘撿著。庚娘帶在身上。第二天，王十八收買無賴侮辱庚娘，王十八打抱不平救了庚娘，使庚娘和金大用感激不盡，同船去廣陵，夜行荒草，王又買通船家，把尤老夫婦推下水，又推金大用和庚娘，王十八又親手把庚娘救起，又說要替她報夫仇，王又買通官府把船家假入獄，安慰庚娘哄進巡撫大人府住下並派人看守，並對她提出婚事。

王十八回家，他的第八房妻子，剛滿十六歲，叫胡小鳳，她看到了王十八的神色不對，知他又在搶美女，她勸他……

第一場

胡小鳳勸王十八

請相公且慢睡床邊坐下	為妻的有番話夫聽根芽
奴的夫你每朝想這想那	穿花街宿柳巷亂把錢花
八房妻都不愛太不像話	你又要娶美妻坑害人家
你當日娶奴家說的麼話	你說是娶了我不愛其他
論年紀十六歲也不算大	論容貌雖不美人稱鮮花
王郎夫你現在還不知價	你又要娶美女想方設法
你對我說的話完全是假	誰知你不歸正專門尋花
酒與色過了量陽壽不大	倘相公有不測如同天塌
八姊妹又好似飯蒸散架	妻失夫無主張只好出家
勸相公快回頭保持身價	修其身養其神子孫發達
切不可仗財勢天地不怕	到那時悔不及毫無辦法
勸相公改心腸莫惹人罵	誠好心做好事樂享榮華

王十八他不聽勸告，他怕小鳳走漏了風聲，他與小鳳好，陪小鳳去遊玩，坐船時，他把小鳳推到水裡去了，這說明王十八心毒手辣，小鳳

未死，被漁翁救起來了，她打聽到尤庚娘被困在李府，她就裝鬼鬧進巡撫大人的府宅，眾奴僕大叫有鬼都被嚇跑了，小鳳衝進了庚娘住的房裡。對庚娘說：

第二場

胡小鳳對尤庚娘詞

庚娘姐莫驚慌你且請坐　　細聽我胡小鳳對你實說
我並非是旁人對你說破　　奴乃是王十八八房老婆
王十八仗勢力不怕背過　　專門的貪美色坑害姣娥
我今年十六歲父母早過　　虧叔嬸撫成人受盡折磨
窮家女哪能夠高攀貴所　　都只因王十八詭計太多
見小奴有姿色強娶於我　　奴當時不同意再三推卻
我考慮怕後來無好結果　　是防他久日後嫌賤落薄
他說我好比是鮮花一朵　　娶了我再決不另渡銀河
又誰知進門來一年未過　　嫌賤我貧家女對我冷落
看中了庚娘姐賽過於我　　與阿三設詭計要把婚奪
頭一次將你夫暗打地臥　　第二次坐船時推往水落
害死了你父母夫歸陰所　　假救你假安慰心腸毒惡
他怕我漏風聲欺騙於我　　假遊玩坐船舟推我落河
沐漁翁搭救我忍饑受餓　　聽說是將庚娘留府住著
你不要蒙鼓裡心莫想左　　把仇人當恩人千錯萬錯
庚娘姐快逃走遠方藏躲　　如不然被糟蹋逃之不脫

庚娘還詞

聽妹言不由我心如刀剁　　又好似針在錐刺我心窩

恨只恨王十八該殺賊伙	設詭計害死人要把婚奪
將爹娘推水內命歸陰所	將奴夫推下水命赴南河
又將奴推下水假意救我	他說是眾船家起心太惡
他又說對謀命決不放過	願替我報夫仇照顧生活
果將那眾船家披枷戴鎖	問成罪丟監中等候發落
將奴家騙進府調戲於我	他逼我配夫妻百年諧和
奴一聽如霹雷心頭冒火	我看他救我命只得忍著
正考慮這件事如何辦妥	前後思左右想無有把握
萬不料小鳳妹前來說破	妹對我這恩德永不忘卻
勸妹妹快快走不要管我	我自己想辦法報仇除惡

　　胡小鳳說完出門，並再三囑咐庚娘，千萬不要中計上當，他不是你的恩人，是你的仇人。

　　再說，王十八心想：「庚娘已經到手了，她成了我的籠中鳥、網內魚，插翅難飛。」看了日期，準備結婚。庚娘知道了，在到期之前，暗裡寫了遺書，準備一死，正在想死的時候，王十八辦的美酒好菜拿進房來了，用酒勸庚娘，庚娘哪有心思喝酒，她在想如何死好，王十八想用酒勸醉庚娘，帶頭吃，帶頭喝，已經喝了幾杯酒下肚，庚娘在這時靈機一動，有了不免假賣風流，反過來勸他，王十八見庚娘高興地勸他，魂都不在身上了，越喝越高興，越高興就越喝，他說今天喝的是最痛快了，看看酒醉如泥，庚娘拿出短劍，咔嚓一劍刺進胸膛，沒有費很大的勁，就送他見了閻王！庚娘趁機逃出府門，拚命地逃走了。

　　阿三是個不正之人，他知道王十八今夜對庚娘如此如彼的，他是來聽壁腳的，一看房門開著，房內還有燈亮，走進一看，不見庚娘，王十八死在床上。當時稟報李氏夫人說：「王公子被殺，新娘逃走。」王夫人命人追趕，點著燈籠、火把四方發兵追趕，庚娘掉頭一看，後面火把

追趕來了，就投水一死了之。回家稟報夫人，說庚娘已投水死了。夫人不消恨，命人撈屍，要看一看是真死了還是假死了，他們準備去撈屍，庚娘的屍體已被劉漁翁撈起攤在岸上，他們去看是死了，王氏報案中州，州官與同僚王俊卿審判此案，必要帶阿三來衙問情況。

第三場

阿三上堂詞

大人在上容我稟	請聽小人訴分明
我家公子人本分	一貫捨己濟寒貧
前日同我去散悶	遇著庚娘共四人
同船去往廣陵奔	誰知船家起黑心
搶劫錢財又害命	庚娘夫妻落水沉
我家公子施惻隱	救起庚娘帶回程
替她丈夫報仇恨	船家定罪丟監門
庚娘惡婦心太狠	知恩不報反殺人
公子無辜廢了命	望祈大人把冤申
這陣打得痛難忍	大人息怒聽詳情
公子有個大毛病	見了美女就花心
他見庚娘美得很	設計陷害強奪婚
買通船家謀人命	謀害庚娘共四人
假救庚娘代回郡	實是為了奪美人
庚娘抱節不答應	殺死公子命歸陰
庚娘畏罪逃出境	我等追急投水沉
王氏夫人不消恨	命我撈屍看假真
誰知屍體在岸困	不知何人撈屍身

這是小人實言稟　　　放我回家不害人

　　審問了阿三，招供的情況，認為屬實，要判罪的應該是王十八，他已死了，庚娘也死了，自家安埋。庚娘是一位節烈女子，應該官府厚禮安葬，綢裝綢殮，頭上插的，手上戴的，應該配齊。使眾百姓知道，我們提倡女子以節烈為重，庚娘願死不失節是個好女子，我們這樣做官民都會稱讚的。在棺槨下土的那天晚上，阿三買通了兩個村民，一個叫張忠厚，一個叫楊良友，當許了十銀兩子，他們二人不同意，阿三威脅說：「你們知道我阿三的脾氣，如果你們不肯去，莫說我阿三對不起你們。」二人忙說願去，拿了工具前去掘墳盜墓。胡小鳳知道了，跑到墳地裝鬼駭賊，他們正開棺聚寶時，把庚娘的屍體扒過去扒過來，把庚娘扒的起起來了，兩個盜墓嚇得叫娘，一丟就跑，小鳳裝鬼來了，阿三為了保命也飛起來跑，小鳳裝的鬼就直逼阿三，把阿三逼到斷崖上，掉下崖去了。庚娘逼兩個村民，兩個村民也逼到溝邊，無路走了跪地求饒。

第四場

張忠厚、楊良友向庚娘求饒詞

張：雙膝跪地把頭叩　　　庚娘仙姑聽從頭

楊：我家住在楊灣後　　　家貧生活難得謀

張：我的名叫張忠厚　　　妻亡子幼穿吃愁

楊：我本性楊叫良友　　　老母今年八十週

張：撫養小兒無生路　　　幫工撫子度春秋

楊：孝敬老母該侍候　　　砍柴度日把生謀

張：李府阿三我家走　　　他說盜墓有報酬

楊：十兩銀子把足數　　　幾月生活我不愁

張：我們聽了不願做　　阿三威脅怒不休
楊：怕他毆打無人救　　萬般無奈出門樓
張：走到荒郊抄小路　　來到此地開墳坵
楊：打開棺蓋正動手　　仙姑顯靈往起赳
張：駭得小人渾身抖　　抽身便跑隔住溝
楊：仙姑趕上我無路　　懇求饒命莫記仇
合：從今不把壞事做　　改邪歸正急回頭

庚娘還詞

二兄長不要怕快起莫跪　　且聽我將實言細說隱微
我並非是仙姑歸了正位　　我乃是死復生未把西歸
我出身貧家女生得貌美　　王十八貪美色胡作非為
將我的父和母推到水內　　又將我兩夫妻水內齊推
我的夫金大用已把命斃　　小女子被救起未把命垂
王十八與阿三設計弄鬼　　謀死了三條命太把心虧
假救我出水中百般安慰　　他說是船家謀玩弄是非
願替我報夫仇勸我收淚　　把船家判了罪戴鎖枷披
我把他當恩人非常欽佩　　誰知他把奴家騙進房幃
強逼奴配夫妻無法推諉　　想起夫恩愛情豈肯相隨
奴正想尋自盡忽聽打鬼　　誰知是胡小鳳她扮鍾馗
王十八將小鳳謀死封嘴　　胡小鳳得救了不敢回歸
假裝鬼鬧進府與我相會　　吐實情如夢醒心似針錐
可恨那王十八該死賊匪　　報夫仇殺賊子一命西歸
為地方除了害逃出躲避　　又可恨眾惡僕隨後猛追
無處躲我只得捨命投水　　不知道誰將我埋在土堆
若不是你二人盜墓恩惠　　尤庚娘哪能夠死去復回

奴只要這玉珠一件寶貝　　棺內的首飾等你們拿回
拿回家你二人生活用費　　再不要做壞事後有光輝

　　兩個村民，叩頭謝恩，並指引庚娘投奔一貫好善樂施的耿媽媽。兩
個村民把首飾拿著回家了，以後書中再不提二村民了。

　　單講庚娘第二天才問到了耿媽媽的家中，庚娘見了耿媽媽跪地哭
訴，請求耿媽搭救，耿媽扶起問：

第五場

尤庚娘對耿媽媽詞

老媽媽這一問珠淚難忍　　尊一聲老媽媽請聽苦情
家住在尤家村家中貧困　　我父母幫零工苦度光陰
二爹娘前少修子星不盛　　單生我尤庚娘苦命釵裙
奴今年十八歲不為太嫩　　配丈夫金大用去年結婚
王十八見了奴起心不正　　設巧計害我家強奪婚姻
害死夫爹和娘三人喪命　　假救我騙進府逼奴成親
多沐得胡小鳳對我實論　　她說是王十八詭計多生
奴那時聽她言如夢初醒　　才知道王十八狠毒畜牲
奴知道王十八謀夫仇恨　　一心要報夫仇死也甘心
胡小鳳是他妻被他謀命　　得救了尚未死不敢回程
奴聽了小鳳話心頭惱恨　　殺死了王十八除了禍根
逃出府被追急投水命殞　　幸遇著盜墓人死而復生
小女子無家歸一片慘景　　既無親又無族孤苦伶仃
望媽媽搭救我一條薄命　　倘日後有出頭不忘大恩

耿媽媽聽了很同情，收庚娘為義女。這耿媽媽是個寡婦，丈夫死了多年，留下一份好家產，被耿媽媽做善事做出名了，家也做窮了，她膝下有一子名耿忠，守寡撫到十九歲了，母子二人落得砍柴為生活，雖然家貧她還是見難必救，見窮必濟。

庚娘在耿媽媽家裡，與耿忠兄妹相稱，耿媽媽對她比親生女兒還要親，每天母子女三人上山砍柴、過生活。庚娘得到耿媽媽的同意，給丈夫金大用設了一個靈位，庚娘每日叫飯，頭上繫白線，腳下襪上插白布，表示戴孝。一日，耿媽媽對庚娘說：「今天關帝廟有廟會，很熱鬧，是關帝生日，為娘想帶你去關帝廟看看熱鬧，散散心，娘見你多災多難，在關帝前燒柱香，磕幾個頭，求關聖帝君保佑你今後無災無禍平安過日子。」庚娘聽了也好，同耿媽媽去關帝廟趕會，誰知在關帝廟碰著了阿三，這阿三，一見庚娘就去抓，庚娘與他惡鬥，大喊大叫抓賊，擁來一群人，阿三嚇慌了，退到臺階邊倒下，把腦漿都搭出來了。當時一命嗚呼，這是惡僕的下場。耿媽媽回家心想：「此地不能住了。」耿媽媽為了避免再出事情，商量遷往山鄉妹妹家。住那裡安全，仍然上山砍柴，庚娘與耿忠長期出進在一起，別人說他們像一對小夫妻，這話還把耿忠提醒了，一日上山砍柴，耿媽媽未去，耿忠向庚娘突然表白了心機，向她求愛，使庚娘不知如何是好……

第六場

尤庚娘哭夫靈詞

尤庚娘跪夫靈悲聲大放　　哭一聲金大用恩愛夫郎
奴與你貧寒家自幼同長　　你愛我我愛你願配鴛鴦
恨只恨王十八該死賊黨　　使詭計謀死夫喪盡天良
為妻的哪知道其中情況　　多虧了胡小鳳說明端詳

報夫仇妻並命把賊殺喪　　逃出府追急了投水身亡
又不知是何人撈屍埋葬　　若不虧盜墓人哪能還陽
奴雖然來此地逃脫羅網　　虧耿媽收留我暫把身藏
萬不料耿忠哥直對我講　　追求我配夫妻地久天長
我與夫心連心死不變樣　　奴豈肯忘恩愛另配鸞房
耿忠哥本待我恩高義廣　　奴以為稱兄妹並未提防
他既然起此心不會鬆放　　這叫我尤庚娘如何下場
奴的夫在陰間慢慢前往　　等為妻一路去同見閻王

　　耿媽見庚娘在夫靈前傷心，必然出了麼事，問子，耿忠對母不敢說謊，就直說了，耿媽訓子，不能乘人之危提出婚事，趕快向妹妹賠禮，承認了錯誤，以後依舊兄妹相稱。

　　單講：胡小鳳與庚娘分別後，逃難度命，沿門討口，自己為了能活下去，自願賣到徐財主家當了丫環，這徐財主也是個好色之徒，他見小鳳長得美貌，要收她為妻，胡小鳳不願，暗裡跑出，來到父母墳前大哭……

第七場

胡小鳳哭墳詞

跪墳前不由兒眼淚直漫　　哭一聲二爹娘如刀割肝
爹和娘去世時八歲將滿　　虧叔嬸撫成人恩大如山
兒只望成了人擇選侶伴　　萬不料遇著了一夥賊蠻
王十八見了奴人品好看　　強娶兒為偏房把我糾纏
兒見那王十八三十已滿　　兒十五配中年實在心煩
王十八假對兒發誓斗願　　娶了兒若再娶死不身翻

過門去未一年對兒冷淡　　連為兒八房妻還不心甘
又設計娶庚娘兒知相勸　　哪知他不聽勸反惹禍端
哄為兒上船去他說游轉　　狗賊子起黑心手段凶殘
將為兒推下水謀命大膽　　沐漁翁救活我不敢回還
無奈何在外面沿門討飯　　聽人言狗賊子起心不端
害死了庚娘家三條命案　　將庚娘騙進府強逼姻緣
為兒的心不忍不能不管　　裝鬼魔鬧進府對她說穿
庚娘姐聽我說心如刀砍　　我走後但不知她的根源
兒為了求生存身分不管　　賣身在徐府中當了丫環
徐財主要為兒成配姻眷　　兒不願逃出外無處身安
拜別了養育恩兒把命短　　到陰司找父母一家團圓

　　胡小鳳在父母墳前哭了一番，她想人活百歲還是要死，不如早死早超生，她去找樹吊頸去了。

　　再說，尤庚娘與哥哥耿忠上山砍柴，忽然，發現一少婦在樹上吊頸，兄妹趕去解下吊來，一見是小鳳就問。

第八場

胡小鳳對尤庚娘詞

睜開眼見庚娘如夢初醒　　你為甚在此地與我解繩
自那日與庚姐分別而奔　　在外面無依靠叫化沿門
雖有家不敢歸生活難混　　無奈何賣自身當了傭人
在徐府當丫環倒還安穩　　妹只望慢慢過暫留殘身
誰知那徐財主不是人性　　年六旬他要我與他配婚
妹一聽只駭得魂魄飛盡　　我豈肯又作妾配個老人

不依從又怕他強逼合巹　　妹只得私逃出無處棲身
又怕他命家人各處打聽　　找著我他一定要下絕情
望前面是殺場不能前進　　往後看又無有一個救兵
前後思左右想活到做什　　倒不如舍性命吊頸懸繩
若不是姐來救命歸泉境　　我姐妹哪能夠相會山林
問姐姐分別後如何情景　　快快地對為妹一一說明

尤庚娘還詞

賢妹妹問為姐當時情況　　未開言止不住眼淚汪汪
妹叫我快逃走出外去闖　　姐為了報夫仇未離洞房
姐將計來就計把賊來誑　　王十八在洞房欣喜若狂
我將酒勸醉他躺在床上　　他叫我莫三心陪伴夫郎
金大用是他謀對我實講　　跟著他享富貴一生光揚
我一聽如火燒一切不想　　報夫仇一短劍刺殺胸膛
為地方除了害逃出外往　　哪曉得惡僕們追趕猖狂
我掉頭見火把一片光亮　　駭得我躲不急投水身亡
賊子們不放過撈屍觀望　　用棺槨埋葬在深山郊荒
幸遇著盜墓人復活世上　　為保命求菩薩關帝廟堂
遇著了阿三賊搏鬥不放　　狗賊子駭倒地搭出腦漿
好一個耿媽媽待我恩廣　　把我當親生女勝過親娘
她有子名耿忠性情直爽　　把我當親胞妹愛惜非常
小鳳妹快同我耿家一往　　耿媽媽一定會惻隱大方

　　庚娘把小鳳引到耿媽媽家裡，耿媽媽一見喜之不盡，不久由庚娘撮合小鳳與耿忠成為一對美滿夫妻，暫放下。

　　回書再講金大用，那天由船家把他掀下水，隨浪漂流了老遠，他未

死，在水面上幾經沉浮，被清晨散步的袁洪毅發現了，見河內流的那個人未死還在動，命衛士用木船救起一看是金大用，問了落水的情況，留在軍營當文書，獻計獻策，打了勝仗，提升為游擊將軍。他為了尋找庚娘的生死下落，獨自一人來到中州，被李府的管家等人發現了，告知王夫人，王夫人就是王十八的姑母，她有勢有錢，陰謀將金大用拘捕入獄，王氏買通官府要官嚴刑逼供⋯⋯

第九場

金大用上堂詞

金大用上大堂不知明暗　　　　老大人傳我來所為哪般
聽說是王十八已歸陰岸　　　　是我妻謀殺他命赴陰關
我的妻為什麼進他府院　　　　況我妻與王姓無仇無冤
既然是我的妻犯了命案　　　　這其中必有故清查根源
我何曾助妻與法律不管　　　　這真是誣陷我冤上加冤
又聽說我的妻投水命短　　　　這一陣不由我心似箭穿
八十板打得我渾身血染　　　　我並未犯王法死不心甘
這夾棍夾得我要把氣斷　　　　死過去又還陽無處申冤
叫一聲老皇天毫不照看　　　　善與惡分不清誰把神參
老大人要我招臨死不願　　　　冤害我全不怕報應循環
這真是無頭冤世界黑暗　　　　是誰在扯我手強畫供單

　　強迫金大用畫了招供單，釘鐐收監，秋後問斬。老藝人之女得知忙奔山莊稟報大王，大王命義軍二號頭領帶兵劫獄。

　　再說，李府王夫人聽說要等秋後問斬，恐有變化，由管家買通牢頭在酒中下毒，毒死金大用，正在金大用舉杯時，義軍殺進監牢，殺死了

牢頭等人，救出了金大用，把金大用簇擁上了山，大王甚喜。

再說，王俊卿到袁洪毅兵營去玩，便問金大用的情況，袁洪毅說：「金大用往中州去找尋妻子庚娘的下落，數日未歸，不知所故，我打聽有人說金大用被冤坐了監獄，又聽說秋後就要問斬。」並要王俊卿想辦法找人救出金大用。他不知被義軍救走了，趕緊抄小路回去，經過山莊與嘍兵相鬥，嘍兵稟報大王，大王同金大用下山觀之，是友人王俊卿，忙迎上山莊待宴，在酒席前各敘了情況，王俊卿對大王表示感謝。

酒宴畢，金大用送王俊卿回府，路過尤庚娘的墳墓，在碑前痛哭⋯⋯

第十場

金大用哭妻墳詞

見墳臺不由我心如刀絞	哭一聲賢德妻淚往下拋
我二人同長大一貫相好	長成人家雖貧願配鸞姣
情又投意又和有說有笑	守貧窮無怨言毫不生焦
妻過門不覺得一年已到	實只望到後來有個翻稍
萬不料遇著了該死強盜	王十八仗勢力做事蹊蹺
貪美色奪我妻奸計胡鬧	害得我岳父母命赴陰曹
我的妻為報仇頗命不要	殺賊子除了害亡命脫逃
誰知妻逃不脫投水死了	丟下我金大用心似火燒
我和妻恩愛情實在太好	妻可尊世間上賢良女姣
妻為夫死得苦世間稀少	為夫仇你願舍性命一條
實只望與我妻同偕到老	萬不料被賊子折斷鵲橋
賢德妻慢慢走等夫來到	做一對鬼夫妻苦去陰曹

金大用哭畢，準備到袁洪毅的兵營，誰知袁洪毅托劉媽媽與金大用討親，劉媽送袁洪毅出來遇見了王俊卿，金大用一見，並談這門親事的問題，劉媽說如何如何之好，總是不表態，正說之時，劉媽忽見耿媽與庚娘到關帝廟還願，劉媽一見庚娘的背影指給金大用看，金大用一見背影就看出來是庚娘，大聲喊叫：「庚娘！」庚娘掉頭一看是金大用，夫妻在廟前相會。

第十一場

金大用尤庚娘夫妻相會詞

手扯著奴的夫淚如滾豆　　妻今日得會夫又喜又憂
喜夫君未傷命死而有救　　憂的是我爹娘赴了陰都
自那日狗賊子假交朋友　　同船時王十八起心太毒
他買通眾船家一切水手　　將我家四口人推入水流
賊假意救為妻他把話訴　　說船家謀財命應該殺頭
願替我報夫仇由他領首　　果將那眾船家判罪入獄
又將妻騙進府款待豐厚　　安排了好房間與妻住宿
不兩日求婚配親說出口　　妻豈肯失節操擅配狂徒
再三的不應允要把節守　　妻雖然未答應思想發愁
妻好似籠中鳥難以飛走　　又好似水中魚誤把網投
王十八他為人如同禽獸　　決不會放鬆我乾脆罷休
妻正在兩難間耳聽人吼　　說打鬼不一會來一女流
那女子胡小鳳對我實訴　　說王賊奪娶我用盡計謀
謀死夫騙為妻與他配偶　　她叫我把狗賊莫當恩酬
胡小鳳她乃是窮人之後　　王十八貪美色強娶同宿
胡小鳳勸王賊叫他收手　　八房妻為必你還不滿足

王十八怕小鳳風聲走漏　將小鳳推水內隨水漂流
沐漁翁搭救起未歸冥路　探妻情假裝鬼對我叮囑
妻聽了小鳳話渾身直抖　報夫仇殺賊子不把情留
眾惡僕追趕妻走途無路　舍性命投水中一命歸陰
李府中又命人打撈屍首　用棺槨將為妻埋葬荒圻
遇盜墓妻還陽傷心哭訴　關帝廟遇阿三惡鬥不休
耿媽媽她要我還願求壽　萬不料遇著夫在此旅遊

金大用還詞

聽妻言不由夫珠淚滾滾　叫一聲恩愛妻細聽分明
自那日被賊害險些命盡　遇好友袁洪毅救進軍營
為夫的獻良策必戰必勝　因此上提升夫游擊將軍
想起妻生和死難以料定　辭好友返中州把妻找尋
萬不料逾李府知其音信　用銀子行賄官誣夫殺人
說我妻殺王賊是我助興　不由說不由辯枉用非刑
打死我決不招昏死幾陣　寫招供扯畫押定了罪名
在法堂狗贓官對我實論　說我妻畏罪逃投水喪身
在監中想起妻為夫喪命　每夜晚哭我妻哭到天明
不幾日沐義軍劫獄出井　護送我上山莊待我厚情
哪知道袁仁兄派人救命　就是那王俊卿仁兄先生
經過那上莊時兩個鬥狠　有義兵報大王同下山林
我一見是仁兄喜之不盡　迎上山飲了宴送他回程
路過那荒山中見一墳影　有碑記才知道是我妻墳
在墳旁哭我妻昏死幾陣　萬不料我的妻死而復生
今日里夫妻會神祖庇蔭　接我妻到軍營同享華榮

夫妻會面各敘離情，接姜氏母親與耿媽到任享受。重謝劉媽，祭奠岳父母，後來袁、金、王三人上殿奏聖，中州州官削職。

王氏夫人助侄為惡，行賄官府，罰銀五千兩，給受害者。

王十八損陰傷德，死之不虧。

耿忠、小鳳夫妻恩愛，子孫發達。

王氏死無後人安葬。全案終。

孤島配

楊開明

清朝末年，上海市大東銀行總經理李懋榮夫人張氏，膝下無子，只有一女名李莉，年方十六歲，人品俊秀，讀書聰明，性格開朗，尚未許家。張氏是個賢惠人，她認為自己年老多病，恐怕沒有生育了，多次勸夫娶妾續後，李懋榮總是不聽，張氏得病，臥床不起。

第一場

張氏得病對夫詞

手扯著老爺夫床邊請坐　　　　痛傷情不由我淚往下滾
想當年妻過門夫唱婦和　　　　祖遺留家財廣許多歡樂
不幸得我夫妻無嗣難過　　　　妻勸你娶一妾接起香火
我的夫你總是推卻不可　　　　看看的這家財誰來掌握
雖然有李莉兒虛花一朵　　　　我的女她生來聰明活潑
望我夫要選擇佳婿一個　　　　招進門培養他後登高科
李莉兒雖是女文才豐頗　　　　有孝心有志向並不虛弱
怕的是為妻的一命結果　　　　丟下了你父女心怎安樂
我死後望夫君好好掌舵　　　　我勸你還是要娶一後婆
此時刻不由妻咽喉哭破　　　　頭又昏心又煩卻是為何
一霎時四肢冷痰聲在果　　　　三魂渺七魄薄要見閻羅

張氏死後，丟下父女雖有錢，精神不樂。他聽夫人的遺囑，要替女

兒選擇一個佳婿，為這件事李懋榮還是操了一番心的，他買了一棟房子，是樓房，在街面上，只有李莉和劉媽住在這棟房子裡。李懋榮看中了一個人，他叫范濤，是銀行的一般幹事，人品長得眉清目秀，文才好，有板眼，十八九歲，是他一手培養起來的，破格提拔他為襄理，是個副經理職務，銀行的大權基本上交給他了，還打算把掌上明珠許配他，范濤可說是一步登天了。從此以後，范濤就成了李懋榮家裡的座上客了，雖然沒有明確訂婚，李莉小姐對他的印象也很好，二人經常出進在一起。

有一天范濤和李莉小姐，在背街並行時，來了三個流氓，亮出了匕首，搶劫小姐的項鏈，首先把匕首逼近范濤，這范濤嚇得拔腿逃走了。三個流氓又逼近小姐要把項鏈起下來，李莉小姐喊叫「救命」，這時來了一個小夥子，大吼一聲，「住手」！上去就打開了，打得三個流氓狼狽逃走了，又把李莉小姐送回家了。小姐感恩不盡，便引他上樓，問他的姓名住址，這小夥子告訴小姐說：「我叫楊明，住址就不必了。」小姐稱讚說他勇敢，使人佩服，她把項鏈取下來說：「我這項鏈是琥珀用赤金鏈串成的，這琥珀珠是明珠、是透明的，夜晚發亮、香氣撲鼻，是寶珠，一般的人是不能戴的。」楊明也看了。楊明在小姐的房內看出擺設豪華，羨慕不已。楊明正在求學上進，見她書櫃上很多書籍，楊明順手拿了兩本。小姐問：「你喜歡看書嗎？我這裡什麼書都有，你就拿吧！」楊明向她借了兩本書，並保證一週內還書來。果真一週就還書來了。小姐叫劉媽弄了好吃的款待了一番。互相談得情投意合。楊明又換了兩本書，拿走了。通過兩次談話，小姐對楊明的印象很深，認為他直爽有志氣，將來是一個不簡單的人，和范濤相比天地之差。

再說楊明從小姐家裡走出來，走不多遠見一棟樓房失火，燒得濃煙衝天，火頭出頂，看看樓房就有倒塌的危險了，樓房的陽臺上有十一二歲的小女孩，正在陽臺上哭著直叫「媽媽」，下面一片慌亂，誰也不敢

上樓，幾個人張開帆布網連聲叫她往網裡跳，女孩沒有膽量，已經嚇昏了。

　　楊明看到危急萬分，他急中生智，見隔壁樓房火勢小些，他立刻從隔壁樓房上入屋頂，一咬牙蹦下陽臺，抱起嚇昏的女孩大喊一聲接住。從上面拋下來了，女孩得救了。楊明卻受傷嚴重，住了醫院。楊明甦醒過來一看，自己住的是間單人高級病房，又不知是誰把他送進醫院的，便要求護士把病房換一下。護士小姐說：「楊先生，你放心養傷吧，你的一切費用，已由被你救出來的女孩的父母付了，並要求醫院，無論用多少錢要把你的傷治好，他是南洋的華僑大商人，有的是錢，你怕什麼呀！」

　　在楊明住院期間，南洋華僑張震山夫婦引著女孩張薇薇到醫院看過數次，感謝楊先生的救命之恩。在交談之中，楊明也很坦率地把自己家裡遭遇和不幸，告訴了這對華僑夫婦。張震山聽了說：「楊先生你放心等你養好傷，就到南洋去，我的公司需要你這樣的人，一切說定了，傷好就辦。」張震山把一個小巧玲瓏的盒子放到楊明的枕頭邊說：「楊先生，因為南洋來信有急事要我回去處理，今晚就要動身走了，這個盒子你留著做個紀念吧！」告辭走了。客人走後楊明望著盒子出神，打開一看，啊呀！幾千元巨款。轉瞬幾個月過去了，楊明的燒傷經醫院診斷基本好了，要拆繃帶了，拆開繃帶楊明對著鏡子一看驚呆了，如冷水淋頭，破相了，他想我的前途和希望全破滅了。他急得想死了還痛快些。回頭心想：我有幾千元巨款，在哪裡又不能生活哩，決定馬上動身去上海，到姑媽那裡去，他姑媽家靠一個海島捕魚為業。楊明的父母也是搞漁業一生，搞漁業是他的熟路子，主意已定了，他給李莉小姐寫了一封信，在離開時發的信。

　　李莉小姐：預祝你大安。當你看到此信時。我已離開了上

海。以後你將永遠見不到我了。我們萍水相逢。你為人真誠，深深印在我的心上。請原諒我的不告而別。你借給我的書，我帶走了，作為你送我的紀念品吧！楊明啟。

李莉小姐接信後，心中很不快爽，她不知道楊明為何不告而別。從此以後，心中總是悶悶不樂，她的情緒被父親看出來了。李懋榮有公事到杭州去，要女兒陪他去遊覽一番。李莉說身體不好，不去。哪知父親走後三天，小姐還未起床，大東銀行宣告破產了，接著她父親的隨從回來說：主人在杭州，騎一匹烈馬，人仰馬翻，墜崖身亡。

第二場

李莉小姐聞凶信詞

聞凶信駭得我心驚膽顫　　這一陣不由我心似箭穿
我的父到杭州公事備辦　　為什麼騎烈馬人仰馬翻
我的父為什麼遭此坎坷　　你狠心丟下我好不孤單
全不想你的兒十六未滿　　孤單單身獨獨無有靠山
雖說是這家財已有千萬　　可恨我是女流不能掌權
父走後大東行宣告破產　　我等如一破舟闖入沙灘
從今後在上海不能扎站　　怎叫我一孤女何處身安
劉媽媽你對我苦口相勸　　為什麼你也是珠淚不乾
是不是可憐我如同孤雁　　你看我這境況慘不慘然
劉媽媽只有你跟我做伴　　我今後無著落吃穿都難
提范濤他是個無義之漢　　恨從前我沒有把他看穿
猛然間想起了楊明能幹　　有膽識有志氣我心喜歡
不告別寫封信要我觀看　　為必我得罪他使他心煩

那信中未說他何方落站　　不知他到哪裡東北西南
我對他印象好不能如願　　他不走會幫我出個主權
看起來我的命孤單傷慘　　我只有尋短見要把梁懸

　　小姐天天哭，哭了數天，突然一雙眼睛失明了，劉媽媽找了醫生治了幾個月治不好，小姐還是哭，劉媽對小姐說：「我知道你家有個姨媽在福州，我想把小姐送到姨媽家裡去玩一段時間，心情舒暢一點。」小姐同意了，乘輪船往福州去。小姐在船上心中總是悶悶不樂，劉媽說：「這船內空氣不好，有點悶人，不如出艙門到甲板去吐吐空氣。」海面上海風刺骨。劉媽怕小姐著涼了，進艙去拿件衣服小姐披的，突然閃出一個人搶小姐的項鏈，小姐用雙手護著項鏈，把項鏈拉斷了，琥珀珠滾在甲板上，小姐大喊：「有強盜！」盜子還沒有喊出來，那人把小姐抱著往插桿外面一拋，隨海浪捲走了。那人慌慌張張把甲板上的琥珀珠子抓進口袋走了。等到劉媽拿風衣來，小姐不見了，再一看甲板上還有三顆琥珀珠，劉媽大喊大叫：「不好了，小姐出事了！」等旅客們趕來什麼也看不到，船上把探照燈打開四周探望了一下，什麼也未看到，只好開航走了。

　　正在這時來了幾條漁船，捕了魚回家的，見輪船上用探照燈，漁船上的人說：「莫非輪船上出了事，我們走攏去看看出了麼事。」輪船走了，他們看到水面上有個白東西，把船劃攏一看，是個女屍，小夥子們七手八腳把女屍拖上船了，這漁船裡其中有楊明在內，楊明把女屍一摸說時間不長，還有微氣，趕快劃攏岸，楊明把女屍背回家裡，用開水救活。

第三場

李莉小姐對楊明詞

昏迷迷睜開了失明雙眼　　看不見是何人把我手插

你問我是不是上當受騙　　說不出所以然苦不堪言

這都是我李莉福薄命淺　　紅顏女多薄命該遭顛連

聽你說是楊明再次相見　　看不見你臉面實在可憐

我不知這裡是什麼地點　　你說是一孤島荒無人煙

我的父遭了難情況大變　　大東行破了產父喪九泉

丟下我一個人苦愁無限　　同劉媽找姨娘福州避開

船行到此地方愁眉苦臉　　黑夜間同劉媽散步聊天

劉媽媽她進艙我遭凶險　　只怪我眼睛瞎神昏倒顛

忽然間有賊人搶我項鍊　　又把我掀下海浪打水淹

又怎麼在孤島和你見面　　莫非是遇著了活佛神仙

楊明你是不是身體康健　　再一次救了我已經安全

這都是我和你千里一線　　不嫌棄自做主好如百年

　　有情人終於成了眷屬。第二年生了一個女孩，取名楊蓓，夫妻恩愛，李莉喜歡吃魚，每天吃魚當燉，轉瞬楊蓓長到八歲了。

　　回書再說張震山，在南洋辦完事回到上海，首先到醫院去看楊明，早已離開醫院了，帶著惆悵的心情去找老朋友李戀榮，想不到李戀榮已家破人亡了，李莉小姐不知下落。只好離開上海回南洋去了。光陰似箭轉瞬十年過去了，張震山思念故土，全家回到上海，買了一棟房子，就在上海定居。

　　再說范濤，把大東銀行破產了，改為大興銀行，自封為總經理，不但沒有興旺，而且一天天衰落了。范濤這傢伙的心眼多，他見銀行要垮

臺了，抽了一大筆款子在南洋買了一大批貨物，要是這批貨物運回上海，他就要發大財了，貨物運不回來，本利都要丟光，可是南洋就是不准出口，他沒有辦法，只有去求張震山，買了一大堆禮物拎到張震山家去，范濤大步進門就碰見了劉媽媽，他心中一驚，但表面上裝著若無其事的，進了客廳張震山一見范濤心中不樂。他回到上海定居後，就了解范濤的為人，他知道李戀榮一家是他害得家破人亡的。還是接待了他……正談話之時，姑娘薇薇女婿陳小波進門了，迎面就說：「爸爸，我們買了星期三去廣州的輪船票。」陳小波見一位客人和岳父在談話，就上前去打招呼說：「這是……張震山接著介紹說：這是范經理，是上海金融界的棟梁。」陳小波和范濤握手了。張薇薇把小波拉進房去了。范濤再三請求張震山幫忙運回南洋的貨物……張震山拒絕了。范濤在張震山家裡沒有撈到別的稻草，只知道他的女兒和女婿星期三乘輪船去廣州遊玩。

星期三陳小波和新婚妻子張薇薇由上海乘輪船去廣州，因為陳小波家是廣州，在輪船上颳起了颱風，客輪無法航行，開到一個海島凹裡避風，張薇薇受不了海上風浪的顛簸她暈船，躺在船艙床上，陳小波覺得艙裡有點悶，他安頓好妻子睡了，自己便來到甲板上散步吐空氣，這時有一個人來到他的身邊，陳小波轉身一看，是在岳父家見過的范經理，范經理熱情地拉著小波的手談得情投意合，范經理提出要小波上島去看看，二人拉著手上了島，范濤的隨從也跟著上了島，走不多遠，看見被颱風颳斷了的樹枝，范濤和隨從一人撿了一根作枴杖杵著上島，走到樹林，范濤使了個眼色，隨從就下手了，二人把陳小波打死在孤島，用事先準備的繩子把陳小波捆綁在樹上。

這颱風颳了三天夜，漁船都不能出海捕魚，楊明是個勤快人，他上島去撿被颱風颳斷的樹枝回家當柴火燒。

忽然聽著有人在哼，走攏一看，樹上捆著一人快要死了，連忙鬆綁

背回家，弄了點粥灌醒了。

第四場

陳小波對楊明詞

見恩人不由我感激不盡　　我姓陳名小波眼科醫生
我和妻出外來遊山觀景　　由上海到廣州乘坐客輪
船行到這孤島風雨加勁　　船搖晃妻暈船睡臥昏沉
那時節船靠島拋錨停頓　　船主說一時間不能航行
有一人名范濤經理身分　　帶一個跟隨人赫赫有名
他叫我同他們上島散悶　　也是我一時間沒有留神
同他們上孤島去看風景　　他二人起黑心打下埃塵
他見我命已盡繩綁索捆　　不知道為什麼起此毒心
大恩人你救我幸中不幸　　不知道我的妻安不安寧
為必是狗賊子奪妻謀命　　真叫我猜不透其中隱情
我渾身遍體傷疼痛難忍　　倒不如死陰司了卻殘身
大恩人你聽了怒氣憤恨　　你說要見了他抱打不平
這是我陳小波真實情景　　大恩人你看我傷不傷心

　　陳小波被楊明救活了，就在孤島養傷。再說他的妻子張薇薇，輪船在島凹彎了三天三夜，薇薇就睡了三天三夜，茶水不沾，到第四天好了些，不見了丈夫，全船找遍了找不著陳小波，她哭起來了。

第五場

張薇薇失夫自嘆詞

張薇薇到此時自思自忖　　　我的夫失蹤了哪裡去尋
我夫妻出門時何等高興　　　只望是到廣州遊玩散心
這件事你叫我如何安頓　　　旅客們你看我傷不傷心
未想到在船上遭到不幸　　　我二人出門來回歸一人
不知夫為什麼不見身影　　　這真是奇怪事難猜原因
不知夫與誰人結有仇恨　　　是何人圖報復謀害夫君
我這裡心想亂不知為什　　　又不知是何人黑了良心
我夫妻是新婚未離一寸　　　到今日無人影痛不欲生
這全船格格路都已找盡　　　找不著我的夫怎樣施行
找不到恩愛夫不想活命　　　找不到恩愛夫有命難存

　　張薇薇在廣州沒有落站，隨船回到上海，到家見了父母痛苦不止，憂愁萬分，張震山一家人為此傷心不盡。

　　再說陳小波在孤島多虧楊明弄些海馬、海龍等東西給他吃，找些野三七敷，很快就恢復了健康。他發現李莉的眼睛瞳仁不動，問：

第六場

李莉對陳小波詞

陳先生你問我眼睛毛病　　　提起了我眼睛令人寒心
我的父李懋榮為人本分　　　我的娘張氏女早已歸陰
父母死丟下我孤單獨命　　　劉媽媽她陪我福州之行
到福州找姨娘去把親省　　　乘輪船行到此遇著賊人

他見我是瞎子起心不正　　搶我的琥珀鏈拋下海沉
也是我落難人命不皆盡　　虧楊明救了我未喪殘身
我和他是前世命中注定　　他救我有兩次事蹟驚人
頭一次遇流氓危險得很　　也是他救了我送我回程
第二次在水內是他救命　　因此上我二人自主婚姻
不兩年生楊蓓八歲已進　　不知道我女兒什麼臉型
陳醫生你卻說眼睛有診　　為必然我可以重見光明
能診好瞎子眼感恩不盡　　感謝你對我的莫大之恩

　　陳小波有信心把李莉的眼睛治好，他一面想法治眼睛，心裡朝日夜牽掛妻子，自己是突然失蹤的，不知妻子會急成何等樣子，他擔心衣冠禽獸會害他的妻子，寫了一封信叫楊明幫他發出，他對楊明說：「你妻子的眼睛雖然不是疾病引起的，她是過度悲傷日夜啼哭所致，是神經性的失明，但要動手術，眼科手術不必一般，先要作一番特殊處理，關於藥物和器械，要在大城市才能買得到，你到上海賣魚時，按我寫的條子去買。幫我把這封信發了它。」楊明親自去買了藥物和器械，手術做得很成功。李莉的雙眼全部用紗布蒙著。

　　一天早上，一個漁民領著一個老頭和一個少婦來找楊明，陳小波一見是岳父領著妻子薇薇來了，夫妻抱頭痛哭，楊明一看，這老頭我好像在哪裡見過，忙迎接，叫李莉出來迎接客人，張震山一見李莉和楊明哭起來了。

第七場

張震山對楊明和李莉詞

見楊明和李莉珠淚滾滾　　激動了年老人感恩非輕

十年前是楊明救女性命　　十年後救女婿重重恩人
叫薇薇你快快跪地哀懇　　磕幾個救命頭以表恩情
大恩人為救你容貌破損　　俊秀臉竟成了醜陋臉型
李莉侄見了叔傷心不盡　　實可嘆兒的父命喪岔冥
我侄女你不知其中弊病　　兒的父為什麼騎馬喪身
就是那范濤賊心術不正　　他買通跟隨人害兒父親
把兒父害死了還不消恨　　又命人對侄女下了絕情
在船上搶項鏈是他計定　　謀侄女也是他起的毒心
他害死你父女狼毒心狠　　是想把銀行股份一人獨吞
大東行到現在大為不順　　一天天衰退了敗如灰塵
這只怪兒的父看人不准　　未看到他是個人面獸心
只看到業務上有點本領　　未看到他本質骯髒靈魂
他毒計一件件都已得逞　　裝樣子把劉媽辭退出門
他埋怨劉媽媽太不謹慎　　把小姐失落了大發雷霆
劉媽媽無言答只好遵命　　劉媽走娶了個美貌裙釵
那劉媽到我家說明情景　　收留她在我家暫且安身
小范濤來我家厚禮奉敬　　有批貨在南洋求我運行
我當時拒絕了沒有應允　　灰溜溜走出門不知下文
哪知道我女婿是他綁捆　　他真是我兩家抱恨仇人
這種人到後來定遭報應　　不久日他就要露出原形

　　楊明說：「張伯父和張小姐，如果你們不嫌棄就在我們這裡寬玩幾天，我沒有別的款待，魚可以管你們吃夠，這海島的空氣好，這是我和李莉表示對張伯父和張小姐的一番好意。」
　　再說范濤，他害死了陳小波目的是想把張薇薇弄到手裡，他派了專人在張家打聽消息，想請人去做媒，哪知張震山全家人憂愁萬分，不好

開口。未過多久，張震山接到了陳小波的信，一家人轉憂為喜，而且說是楊明救了陳小波。這個消息，范濤很快也就知道了，他想：「要是張震山去海島把全部情況都知道了，我的一切計劃都要破產了。不如趕在張震山的前面，把張云天帶去幹掉楊明和陳小波，如果是在船上遇著張震山那就更好，在船上就把這老傢伙幹掉，我的計劃就實現了。張薇薇就成了我的籠中鳥，插翅難飛。」

范濤帶著張云天急急忙忙上了去廣州的輪船，在船上，上上下下找遍了全船，未找到震山，就睡了一覺，實際上他是假睡，他在想如何幹掉楊明和陳小波。他對面鋪上睡的張云天也在假睡，他在想：「你這回帶我出來，可能又是要我幹殺人的勾當，這回你再要我幹殺人的事，再也不會便宜你了。十年前你要我害死了李戀榮和瞎子小姐，你許我當副經理的，到現在一字不提，前不久又要我和他打死陳小波，也沒有提升我當副經理，這一回可要講好條件再幹，再不上當了。」他們各想各的事。看看海島不遠了，范濤心裡急了！把張云天一拍，叫他到甲板上去走走，張云天下床同他去到甲板上，范濤說：「張兄，你知道我這次帶你出來的任務是什麼嗎？」張云天說：「只要總經理看得起姓張的，用得著我張某，你知道我張某的脾氣，是願意為你效勞的。」范濤說：「張兄直爽、痛快，和我的性格，那我就直說了吧！」在腰裡摸出一個小盒子遞給張云天說：「我在十年前結了個仇人，叫楊明，就在前面島上，還有上次幹的陳小波未死，這兩個仇人不幹掉，是你我的後患囉！」張云天接過盒子打開一看，是他上次搶瞎小姐的琥珀項鏈，就說：「這是總經理給我的報酬嗎？」「不，不，這是我實現上次的諾言，因為少了三顆，為了配齊這三顆，故此延到至今，這是上次的報酬，至於這次的報酬，張兄你就儘管說吧！」張云天說：「這一次是要幹掉兩個人，必須要講個條件，我要你寫個字據，把銀行的財產分給我一半。」范濤一怔，便笑嘻嘻地說：「好好，事成功了分給你一半。」范

濤口頭答應了，心裡在想：「這一次事成功了，我再想法幹掉你。」張云天說：「那你就把金庫的鑰匙交出來！」范濤心想：「你這小子比我還毒，就將鑰匙搜出來，往甲板上丟，趁他撿鑰匙時，他就好下手。」哪知張云天也狡猾，不勾腰撿，用腳扒了再撿，范濤狗急要跳牆了，趁他撿鑰匙時，猛撲過去，兩人抱在一團，在甲板上滾打起來了，滾過來滾過去，滾到插桿邊下，張云天一縱身把范濤抱起掀在插桿外邊，范濤死死抱住不放，張云天騰出一隻手，抽出匕首向范濤捅了一七首。范濤趁他一隻手時，兩腳使勁一蹬，把張云天也蹬到插桿外面去了，二人同歸於盡隨浪捲走了。

　　漁民們發現海灘上有兩具屍體，還抱得緊緊的，漁民們七手八腳把兩具屍體拖上岸來了，全島的漁民都去看這兩具屍體。楊明叫陳小波、張薇薇和張大伯都去看看。楊明把李莉也扶去看，她眼睛紗布還未拆，漁民們兩具屍體分開檢查。張震山走攏一看，這兩具屍體中有個是范濤，另一個不認得，陳小波、張薇薇都認出是范濤，在范濤的身上搜出了一塊懷錶。這塊懷錶，是當年張震山送給李戀榮的，李戀榮又轉送給范濤了。在另一具屍體身上搜出了一條琥珀項鏈。楊明走攏一看，是琥珀項鏈，楊明說這不是李莉的琥珀項鏈嗎，怎麼到這人的身上呢？李莉聽說琥珀項鏈，她要陳小波給她拆紗布，她要親眼看看她的項鏈，拆開紗布，眼睛重見光明了。楊明叫她走攏看她認不認得屍體是誰？李莉走攏發現屍體動了一下，楊明叫漁民們趕快急救，把屍體的水入出來，再用溫開水往肚裡灌，增加他的溫度，把他救活了。楊明問：

第八場

張云天對眾人悔詞

見眾人不由我自己悔恨　　　　悔不該聽范濤到處害人

我名叫張云天隨從身分　　聽主子來擺布凶惡行橫
叫我害李懋榮是他指引　　害死了李懋榮又把計生
他叫我在船上暗裡藏隱　　找機會搶琥珀項鏈一根
我動手瞎小姐喊叫救命　　慌忙中把小姐拋入海沉
害小姐兩父女想過官癮　　提我當副經理口說為憑
哪知道延長了十年光景　　我等得心發煩他不吭聲
前不久又要我幫他出陣　　在孤島我和他同謀一人
用棍棒打死了樹上綁捆　　就是那陳小波眼科醫生
這一回又定計狼毒得很　　他要我上孤島刺殺楊明
這一回我要把條件講定　　我要他寫字據銀行平分
他當時笑嘻嘻滿口應允　　我要他交鑰匙他丟地平
他想我撿鑰匙趁機謀命　　我當時是怕他起心不仁
這一次我確實特別謹慎　　果然間料想到他把命拼
因此上我二人抱著打滾　　你不死該我亡掙打輸贏
我和他抱一團滾出滾進　　滾到那船邊下腳手不停
我二人抱得緊同歸於盡　　這是他也是我惡貫滿盈
勸眾人莫學我把德傷損　　我做的壞事多說不出唇
我今天說的話真實得很　　這是我自作孽自把自焚

　　張云天悔過了，眾人聽了個個叫罵范濤無恥奸詐，手段毒辣，惡貫
滿盈，遭了報應，眾人把張云天送交政府，正法了。范濤就在島邊埋
了，此書善惡分明，張震山姑娘女婿團圓了。楊明和李莉夫妻恩愛發
達。

冤獄恨

　　清朝光緒年間蘇北鹽城縣馬家舍住著一對青年夫妻，男的姓丁叫學芳，排行老二，人們都叫他丁二。家貧如洗，父母雙亡，妻子叫黃秀英，讀過烈女卷，甚是賢淑，夫妻和睦，生了一個小孩取名貴書。丁二原是南沙莊的人氏，由鹽販子王齊明介紹搬到馬家舍來定居的，又由王齊明介紹幫馬家舍的首戶財主秦樹林家打長工，還租了財主家畝把多地耕種，生活雖然苦一點，但夫妻相親相愛。

　　再說，秦樹林是馬家舍的首戶財主，有錢有勢，心毒手辣，誰都不敢惹他，周圍住的人，都是他的佃戶。他是馬家舍有名的大惡霸，鹽城縣的縣官倪毓貞是他的同窗好友，更使他大膽妄為。這秦樹林是個花花公子，仗著他有錢有勢，專門的尋花問柳，強占別人的妻女。他沒有考取功名，卻買了一個銅葫蘆頂子，逢年過節戴在頭上招搖撞騙。秦樹林見了黃秀英長得一表人才，心花怒放，他設計把丁二調到十里開外的地方工作，而且要他做夜班。他到丁二家強逼黃秀英不從，被王齊明送鹽丁二家碰著了。王齊明是個正直人也，愛打抱不平，他打了秦樹林一頓，放他走了。秦樹林懷恨在心，暗裡設計想害死丁二，就叫人帶信叫丁二去領工錢。這天正是臘月二十四過小年，丁二請王齊明的客，談開年搬家的事，丁二陪王齊明對斟對飲時，帶信人叫他去領工錢，用酒勸醉了丁二，用耙頭釘釘死了丁二，又把繩索套在頸上，吊在樹上，說丁二是自縊吊死的。

第一場

黃秀英哭屍詞

見夫君死得苦眼淚直滾　　真好比晴天雷霹靂一聲
昨夜晚在家中笑出笑進　　你叫我弄酒菜要請客人
你和那王大哥對斟對飲　　你一杯他一盞暢談心情
秦樹林他帶信叫把錢領　　你去後一夜間未回家庭
為妻的一通宵坐著候等　　天亮時人說你吊頸懸繩
我的夫中毒計死於非命　　這都是秦樹林起的黑心
我早已對你說遷居別境　　你總是只當著耳邊風聲
我說要趕快搬不能停頓　　你卻要春節後再搬別村
造孽夫苦命人遭此不幸　　丟下我娘母子孤苦伶仃
我的兒剛兩歲年小骨嫩　　兒今後無父親依靠何人
我的夫你慢走等妻一等　　等你妻一路去同見閻君
我的夫死得慘悲痛難忍　　為妻的立志向要把冤申
冤不明難得消心頭怨恨　　申不了夫的冤妻把命拼

　　看的人個個傷心流淚，有人勸說叫黃秀英安排丁二的後事，黃秀英堅持要報案，只好報鹽城縣，請求縣官派人來驗屍。第三日臘月二十六，鹽城縣派了仵作相驗人員和鄉老陪同驗屍時，有個傻瓜叫趙大呆，他說丁二是把頭釘釘死的，是他起早床拾糞親眼看見的，他說大辮子底下釘得老深的，仵作也就解開了大辮子取出了三寸長的把頭釘一個，眾人見了無不驚訝！黃秀英見了大哭，晚上她請人寫了狀詞，到鹽城縣告秦樹林「圖謀不良，殺害人命」，黃秀英拿著狀詞到鹽城縣告狀，縣官觀了狀詞，傳被告秦樹林，證人趙大呆來衙，三人對六面審案。

第二場

黃秀英具狀詞

大老爺駕在上容我跪稟　　小民婦黃秀英訴說冤情
我的夫自幼時父母缺損　　獨一人受貧困孤苦伶仃
原住在南沙莊焉名小姓　　每每的被人欺住不安寧
求親戚靠朋友遷到此境　　幫忙的就是那王姓齊明
來到這馬家舍日食難混　　秦樹林見了奴目不轉睛
說一些流氓話難聽得很　　看外表雖是人不如畜生
小貧婦見了他心中煩悶　　他總是纏住我不離腳跟
那時節我氣得高聲大震　　恰遇著王齊明抱打不平
王大哥見此情怒氣難忍　　教訓他從此後不許胡行
因此上秦樹林心頭惱恨　　要報復王齊明暗殺夫君
他代信要我夫去把錢領　　夫去後一夜間未回家庭
這都是秦樹林暗把計定　　耙頭釘釘死夫天地寒心
我的夫含冤死有憑有證　　前莊的趙大呆可作證明
望老爺斷此案清如明鏡　　與貧婦做個主要把冤申
（你暫站一旁，人來，傳被告上堂）

秦樹林上堂詞

大老爺坐公案容我細講　　黃秀英誣告我很不應當
丁二死就是她人不正當　　她與那王齊明勾搭成雙
他二人暗地裡商商量量　　都是這淫婦人起心不良
謀親夫將禍事轉移方向　　起黑心想害我所為那椿
前莊的趙大呆親眼觀望　　她與那野男人同謀夫郎
趙大呆他可以作證告狀　　他要告黃秀英狠毒心腸

這淫婦她告我實在冤枉　　　　我不是那種人下流荒唐
望老爺判案情高抬貴牓　　　　小學生感大德永世不忘
（人來，傳趙大呆上堂）

趙大呆上堂作證詞

大老爺你要我作證直講　　　　這威風駭得我不敢開腔
丁二死確實是有些冤枉　　　　死得苦叫得慘令人悲傷
都只因他的妻長得漂亮　　　　有美妻做丈夫難免短長
他不是有美妻怎把禍攘　　　　就因為妻美貌惹出禍殃
黃秀英她長得卻有看相　　　　趙大呆見了她也不正常
秦樹林見了她心花怒放　　　　王齊明見了她欣喜若狂
老爺你見了她也要欣賞　　　　因此上那丁二落此下場
秦與王他二人痴心妄想　　　　都想那丁黃氏共枕同床
秦樹林要作證不敢直講　　　　黃秀英要作證有點心慌
前後思左右想心不快暢　　　　這件事真叫我沒有主張
心問口口問心不知怎樣　　　　就是那丁黃氏謀死夫郎

　　鹽城縣老爺倪毓貞當堂宣布將丁黃氏關進大牢。黃秀英昏死在大堂，是衙役們拖進牢房去的。趙大呆作的假證，他是個傻瓜，還是怕死才作假證的。

　　黃秀英受屈傷心，丈夫受屈死了，她又含冤坐牢了。有一天晚上牢門打開了，走進一人對黃秀英說：你不要害怕，我是這裡的牢頭，我叫陳文汗，今晚倪知縣要提你問話，你收拾一下隨我去吧！黃秀英把小孩貴書哄睡著了，隨牢頭來到倪知縣的書房……

第三場

夜審黃秀英詞

黃秀英見老爺叩頭跪倒	尊一聲大老爺請聽分毫
這一件人命案不算事小	夫遭冤被殺害妻坐監牢
這都是秦樹林起心不好	害得我一家人死無下稍
趙大呆作的證純屬捏造	他也是出無奈不敢實交
這也是秦樹林設得圈套	起黑心誣告我大耍花招
他說我是淫婦不守婦道	王齊明無故的又把冤遭
這冤案老爺你明明知曉	為什麼勸我招所為哪條
大老爺不能把事實顛倒	無事實要招案真乃蹊蹺
老爺說這案情曲折巧妙	只要你一句話我就糟糕
這案情望老爺仔細思考	判明案小民婦免受煎熬
案情明黃秀英要把恩報	到來世變犬馬為你效勞

　　倪毓貞聽了怒火衝天地說：「喲呵！你倒推得遠呢？本官左說右說叫你拿定主意，不要執迷不悟，你卻偏要固執己見，誣告他人，這就怪不了本官囉！只好明天公堂上見，來人！把黃秀英押下去。」牢頭陳文漢從外面進來押著黃秀英回大牢了。

　　聰明、善良的黃秀英，雖然聽出這位縣太爺的話中有話，她不敢相信一個堂堂的縣官哪有見不得人的念頭呢？一夜不曾闔眼，越想越傷心，哭起來了。

第四場

黃秀英牢房自嘆詞

坐牢房不由人悲聲大放　　　手抱著貴書兒悲慘淒涼
我的夫含恨死死得冤枉　　　這都是妻容貌惹出禍殃
秦樹林起邪心故把禍攘　　　紅顏女多薄命累遭不祥
鹽城縣這狗官也不正當　　　斷案情不思索狂妄荒唐
是清官他不會那樣魯莽　　　我觀他一定是受賄貪臟
要不然他不會含言不亮　　　我觀他審案子神色假裝
趙大呆他也是裝模作樣　　　要我看他自己也無主張
作證時他故意說的假象　　　偏心眼作假證喪盡天良
一連串這假象使我難想　　　猛然間想起了老爺話腔
他說的雙關語不敢直講　　　他要我去猜測所為哪樁
未必他也是個行為浪蕩　　　未必他也是個骯髒心腸
前後思左右想絕路無望　　　遭冤屈反惹得臉面無光
坐牢獄死監內由我命闖　　　突然間想起了貴書兒郎
我的兒年幼小怎樣成長　　　兒父死娘遭劫身坐牢房
我的兒你生來這樣苦況　　　娘難料我的兒是啥下場
這不是為娘的胡思亂想　　　事實上我的兒前途杳茫

這倪毓貞是個衣冠禽獸，他知道這案情的冤枉，他知道秦樹林是馬家舍的首戶財主，有油水可榨，他知道黃秀英是個鄉間的民女可欺，他沒有想到黃秀英的嘴巴這麼硬，他絞盡腦汁想方設法制服黃秀英。

倪毓貞又發差去抓王齊明，把王齊明抓來苦打承招了，有口供了，不怕你黃秀英不認賬，用火籤火票把王齊明抓來了。

第五場

王齊明上堂詞

王齊明在大堂叩頭跪稟　　尊一聲大老爺請聽分明
自幼時無父母孤單獨命　　一個人靠伯父撫養成人
前幾年我伯父陡染疾病　　藥不效符不靈一命歸陰
那時節我已有十八將進　　因此上學小商買賣經營
這幾年販鹽賣略有餘剩　　到現在我還是一個單身
在此地少親戚別無背景　　丁學芳他與我結交深情
二十四那一天他把客請　　他請我到他家對飲對斟
在他家已飲到深更夜靜　　忽有人帶信來叫他領薪
他要我在他家等他一等　　等他回再飲個痛快歡欣
我等到夜深了未見人影　　辭弟妹回家去兩足不停
第二天聽人說丁二喪命　　丁二他出了事事出有因
有一天送鹽去遇著不幸　　黃秀英在房內喊叫連聲
就是那秦樹林作惡可恨　　在她家強逼婚胡為亂行
他跪地又求饒又下保證　　再不敢有下次放他出門
駭得他出門時連爬帶滾　　他走後我覺得又喜又驚
喜的是趕走了這條惡棍　　驚的是他還會惡貫滿盈
他告我殺丁二捕風捉影　　望老爺判明冤筆下超升
大老爺勸我招我就招認　　無根據無事實怎麼判刑
見大刑駭得我渾身直抖　　四十棍打得我鮮血直淋
打斷了我的腿站立不穩　　昏死去又還陽筋骨痛疼
這竹釘釘得我命皆已盡　　這苦刑真叫我有死無生
判死刑我這裡甘願受領　　拉出去殺了我磕頭謝恩

倪毓貞審不出口供，收監。他只望弄來苦打成招，當堂畫供的，哪曉得王齊明的嘴比黃秀英還要硬，王齊明一條硬漢子被倪毓貞折騰死去活來也沒有打出口供來。

倪毓貞又急於提黃秀英，這次再不招供，就拿出他的最後絕招「穿紅襪」，這種刑法是法外之刑，黃秀英咬住牙關，閉著眼睛，忍住疼痛，頭上的汗珠直淌，沒有吭一聲，就昏死了。是衙役拖進牢裡，到黃昏才甦醒過來，下半截身子像著了火的。再一看，兒子貴書眼角裡掛著淚珠，趴在自己的身上睡著了，她吃力撐起身來，把貴書抱在懷裡，用手抹去他的淚痕。可是自己的眼淚又揮在他的臉上。猛地聞到麻油香，左右一看鋪頭磚地上放著一個油壺，伸手拿攏一看，是一壺肉老鼠浸泡的麻油。她知道這是專治燙傷的，她不知道是哪裡來的，她想這牢內只我一個人，這又是誰做的好事？這燙傷像火辣的疼痛，一天抹幾次，一個半月基本上好了。

倪毓貞把案子定死了，把黃秀英定成死罪，呈報到蘇州府，只等回文轉來就起斬，回文轉了，要解丁黃氏到府官衙門覆審。

牢頭陳文漢接到了命令，趁夜深人靜，各差役們都睡熟了，他一人來到牢內與黃秀英商量對策……

第六場

陳文漢對黃秀英詞

黃秀英不要怕聽我言講　　　今夜晚特地來和你商量
我本是一牢頭對你不謊　　　我雖是管犯人也不荒唐
我的母她一生勤奮織紡　　　我的父是農民代守公房
我的家很貧窮無有依傍　　　靠父母多勤勞度過時光
就因為守公房出了事項　　　誣我父暗地裡勾引賊強

就因此我的父身遭冤枉　　　在牢內被折騰命赴黃粱
就是這倪毓貞心不正當　　　就是他害得我家敗人亡
我心中想報仇別無法想　　　我見你受苦刑暗裡幫忙
我見你每每的眼淚直淌　　　一定是遭冤枉身坐牢房
有件事我對你實不瞞講　　　我暗裡盜出了他的私藏
是一塊墨玉石長繫身上　　　就因為是寶貝有此名堂
就有這你可以發詞告狀　　　你告他私審你起心不良
私審你就是他裝模作樣　　　他想你暗地裡與他成雙
府大人見此情絕不鬆放　　　一定要降罪他不守規章
到那時你可以把罪移讓　　　折他職罷他官要他回鄉
你申冤我報仇都有指望　　　這就是善與惡應得下場

黃秀英還詞

陳牢頭說的話我在考究　　　女人家有廉恥誰不顧羞
倪毓貞逼得我走投無路　　　我的夫含冤死我要報仇
不是我女人家不把規守　　　他已經冤得我身坐牢獄
害得我有冤枉無處申訴　　　這都是秦樹林與他同謀
狗贓官想得財我已看透　　　借私審調戲我語言侮辱
他目的想與奴暗裡配偶　　　為官人做此事情理不周
陳牢頭你的話我已接受　　　不告倒狗贓官決不罷休
這件事我沉默計策想就　　　不成功便成仁破釜沉舟
到那時我一定不顧羞醜　　　說出他侮辱我一切事由
陳牢頭你設計把我挽救　　　事成功我一定把你恩酬

　　三日後衙役們撐一把遮陽綢布傘，扛兩塊「肅靜」、「迴避」的高
腳牌，把倪毓貞送上了快船。黃秀英也上了公船，兩歲的小貴書望著媽

媽上了船，漸漸走遠了直叫「媽媽」。

蘇州府撫臺大人姓章，雖然年過六旬，他是進士出生，三品領戴，執法甚嚴，在民間頗有聲望。他接到丁黃氏一案，連夜批閱，發覺案情曲折，疑點甚多，隨即行下公文，解丁黃氏到蘇州「白虎堂」親自審理，並要鹽城縣倪毓貞先到商量同審，蘇州「白虎堂」氣氛森嚴，章大人升堂⋯⋯

第七場

黃秀英見府臺大人詞

黃秀英跪大堂珠淚滾滾	尊一聲老大人請聽詳情
小民婦鄉間人遵守規訓	我的夫丁學芳衣食老誠
娘婆家無長輩孤單獨命	我夫妻完婚後家屋寒貧
多虧了王齊明大施惻隱	薦丁二在秦家做工營生
我夫妻過生活勤扒苦掙	雖然是家貧窮相敬如賓
可恨那秦樹林流氓成性	見了奴起邪心糾纏不清
小民婦見了他心中煩悶	他又是少東人不敢張聲
有一天他把夫分到遠境	黑夜裡來我家胡為亂行
我當時叫東家以理恭敬	他跪地要求我苟合成婚
我發怒趕他走不許停頓	他罵我不識好賤婦釵裙
抱住我耍流氓強行接吻	氣得我兩手打又把腳蹬
這時候王齊明擂門只震	秦樹林才鬆手出去打門
王大哥見此情怒氣只耿	用拳打和足踢不容此情
教訓他誡下次不要愚蠢	再發現有此事剝皮抽筋
因此上秦樹林心頭惱恨	殺死夫又誣我偷情賣淫
殺我夫趙大呆親眼看定	在大堂作假證昧了良心

秦樹林他急忙把縣城進	他送了倪毓貞一千紋銀
倪毓貞見了奴起心不正	他黑夜私審我動機不純
他要我暗與他苟且合巹	不從他他就要判我死刑
用苦刑逼招供狼毒心狠	他將我穿紅襪死去還魂
老大人我這裡有個憑證	墨玉石就是他罪惡原形
小民婦受凌辱名節有損	受冤屈死陰司不閉眼睛
私審時陳文漢他把路引	引我到他書房黑暗調情
這是奴受侮辱真實情景	望大人替民婦要把冤申

　　將黃秀英暫且帶下去，等候處理。大人將墨玉石拿在手中過細斟酌，看了又看說：「這塊墨玉石，扁圓形，上面刻得有一條花蛇，盤在周圍，中間是英文字母倪毓貞的名字。」大人問：「倪知縣，這塊墨玉石看來就是你的囉！」倪毓貞忙跪下說：「大人容告，下官屬相巳蛇，這塊墨玉石自幼拴在身上，是父母為我特製的，卻不知何時失落，這是她偷的。」

　　大人問：「這是她偷的呢，還是在你的身上取的呢？」倪答：「這……這說不清楚。」大人說：「說不清楚嗎？我說很清楚，說她是偷的，是你把她關在牢裡，她不可能偷得到你的東西，說她是在你的身上取下來的，我看這還差不多。」倪毓貞慌忙說：「這不對……」大人說：「這不對，你的墨玉石怎麼到犯人的手裡去了的呢？混蛋東西！來人！將倪毓貞當堂摘掉官帽，押進監獄，待後處置。」這倪老爺啞巴吃黃連說不出的苦。

　　章大人心想：「這個案情，有兩個關鍵人：一個是陳文漢能否證實倪毓貞黑夜私審，如果證實了，他是借私審為名，侮辱民婦，法不容情。再一個就是趙大呆是作的真證還是假證……」

　　章大人發差拘拿趙大呆、秦樹林，押解王齊明，以及與案有關人

員，牢頭陳文漢一併來到蘇州府。審問趙大呆：

第八場

趙大呆見府臺大人堂詞

跪大堂駭得我心神不定	老大人你叫我直說案情
有一天起早床到處撿糞	忽聽得柳樹下乒乓響聲
我一人暗地裡觀察動靜	秦樹林在指揮作案殺人
把丁二按地下用繩綁捆	把口內塞滿了破布衣襟
二兇手折辮子扒開頭頂	釘一個三寸長耙頭鐵釘
丁二死看得清不想隱瞞	都叫我說假話莫要說真
說了真就不能保住性命	秦公子知道了剝皮抽筋
就因為我怕死偏聽偏信	害得那黃秀英有冤難申
她坐牢受苦刑我心不忍	她遭冤就是我昧了良心
我今天對大人直言告稟	望大人饒了我莫判死刑

案情真相大白了。章大人反覆審理了秦樹林、王齊明，對陳文漢落實了倪毓貞黑夜書房私審黃秀英的情況。

黃秀英受冤坐牢，是倪毓貞貪財好色有意造成的，他已派了仵作驗了屍體。丁二是耙頭釘釘死的，很明顯是害死的，不是丁二自殺。因秦樹林有錢有勢，又是他的同窗好友，倪毓貞他得了秦樹林一千兩銀子沒有判秦樹林的罪行。反誣黃秀英作風不正與姦夫同謀，實屬一起大冤案。

章大人判道：

倪毓貞聽令：你枉為一縣之主，枉食朝廷俸祿，為官之

人，不守法規，明知案情有諑，卻認為黃秀英是鄉間民婦，軟弱可欺，又貪贓受賄紋銀一千兩。除此之外，還調戲侮辱了民婦，罪上加罪。本臺根據案情，判你無期徒刑，坐穿牢底，終身死於牢內，所有貪贓銀兩全部交出。

秦樹林聽令：你有萬貫之餘的家財，勾結官府，冒充舉人的頂戴，仗你有錢有勢稱王稱霸，調戲侮辱民女，又指揮自己豢養的打手。殺害了丁二，已構成謀夫奪妻之罪。反誣黃秀英偷情謀夫，冤獄受刑，把黃秀英折騰得不成樣子。罪惡纍纍，本臺判你殺人頂命，處以死刑，家產全部歸公。

趙大呆聽令：你是一棵牆頭草，東吹往西倒，西吹往東倒，丁二一案，你看得清清楚楚，在大堂上作假證，誣陷黃秀英受冤坐牢，已構成誣陷之罪。本臺判你坐牢八年，刑滿釋放。

黃秀英聽令：你為夫申冤，並抵制了邪惡，熬住了苦刑，這是一個婦道人家應有的品德。本臺念你受苦受難，誠虔與你，賞銀一千兩，重建家園。

王齊明聽令：你性情剛直，敢於抱打不平，驚受了很大的風險，你為黃秀英受冤坐牢，被折騰得死去活來。本臺念你正直公道，賞銀五百兩，並有意判你與黃秀英結合，把丁二的後代丁貴書撫養成人，頂立丁二的門戶，你願意嗎？王齊明黃秀英跪地叩謝大人的恩德。

章大人判畢。王齊明、黃秀英沐浴更衣，當堂拜完花燭，成家立業。以後黃秀英又生了一男一女，丁王兩家都接起了後裔。由此案看來，善有善報，惡有惡報，後來王齊明和陳文漢結成好友，由黃秀英做媒，幫助陳文漢成了家，兩家當親戚來往，發達。

金鐲玉環記

楊開明

明朝嘉靖皇王在位時，有一位大臣姓雷名勇，字公曉，京城人氏，是鎮京的總兵之職。他的夫人劉氏膝下一女名桂花已有三歲了。劉氏夫人又身懷有孕了，不知是男是女，該得早晚就要分娩了。

另有一位大臣姓賈名順卿，乃是戶部之職是永洛縣人氏。他的夫人李氏，子女俱無，李氏夫人也懷孕了，不知是男是女也該得早晚就要分娩了。

有一天，早朝的時候去得太早了，各文武大臣在班房裡候駕。賈、雷二人坐在一條凳子上去了。雷問賈說：「年兄膝下有幾位令郎？」賈說：「小弟子女俱無，現在夫人李氏有孕，不知是男是女，請問雷兄膝下有幾位虎子？」雷答：「小弟膝下一女名桂花已有三歲了，子星尚無，目前夫人劉氏身懷有孕，也不知是男是女。」

他們在談論，旁邊有定國公徐爺聽得清清楚楚並走攏開玩笑地說：「兩位年兄所談敘之事，我有意與你們兩位年兄雙方做媒『指腹為婚』，好是不好呢？」

雷、賈二人說：「不知是男是女怎麼能定婚呢？」徐爺說：「你們二人這麼好，你們兩家的夫人又都懷孕了，如果雙方生男同學讀書，如果雙方生女同樓繡花，要是一男一女的話就結為親家。」正說之時，打了朝王鼓，各文武大臣上殿朝駕去了，以後把這事就擱起來了。

卻說雷家不久劉氏夫人生了少爺，命家人雷青到賈府報喜，賈戶部大人得了喜信，當時寫了回書並與公子取名保童字文秀，打發了雷青十兩銀子而去，雷府生了公子如得了天星一般，三朝九朝滿月大宴賓客，

非常之熱鬧。

　　過了月餘，賈府李氏夫人生了一雙胎千金小姐，命僕人賈能到雷家報喜，雷爺得了喜信也寫了回書，也跟二位千金取了名字桂梅、桂蓮，也打發了賈能十兩銀子而去。

　　賈府雖然生了千金小姐，三朝九朝滿月亦是大宴賓客，熱鬧非常，也不低於雷府。

　　過了不久，兩家議定請定國公徐為媒，將此婚姻定妥，雙方並扣了合同婚書，永無異言。不過三年的光景，賈戶部大人辭職回永洛縣西關外樂享清閒去了。

　　單講公子雷保童，易養易成，七歲上學讀書，如神童，聰明過人。十五歲就入學了，乃是洪門秀才真是可喜可賀。不料劉氏夫人得病了，請醫無效，求符不靈，自己知道不能久延了，喊大人進房來囑託一番。

第一場

雷公曉問夫人病詞

手扯著老爺夫床邊坐定	聽為妻有番話向夫說明
為妻的過門來夫婦和順	未幾載生下了桂花釵裙
撫女兒不覺得三年光景	幸喜得又生了保童姣生
保童兒與賈府結為秦晉	桂花女年漸長未結朱陳
萬不料為妻的得了毛病	藥不效符不靈夜重日輕
倘若是有不測妻把命殞	丟下了兒和女尚未成人
賈親家辭職歸毫無音信	這件事望夫君切莫看輕
保童兒雖入學年輕骨嫩	望夫君安排他賈府招親
桂花女出世來原本外姓	望夫君擇佳婿也要認真
這兩件大事情望夫承領	為妻的死陰司瞑目甘心

夫再娶切莫要光選人品　　要選擇心靈美賢淑慈仁
這件事望夫君重視謹慎　　若不賢把兒女全不當人
為妻的肺腑言難以表盡　　總之要望夫君三思而行

雷公曉還詞

聽妻言不由夫珠淚下降　　這一陣好似那箭穿胸膛
自賢妻過門來夫婦和暢　　不兩年生下了桂花姑娘
那時節我夫妻如得寶樣　　接連的生保童接起煙香
我夫妻見兒女喜出望外　　虧賢妻把兒女撫養成行
保童兒七歲時送把學上　　到今日十五歲泮水生香
實指望接媳婦同把福享　　萬不料我的妻染病在床
父子們接名醫將病調養　　藥不效符不靈病入膏肓
倘若是有不測黃泉路往　　丟下了一家人怎樣下場
望賢妻你需要保重為上　　等為夫接名醫再換藥方

　　劉氏夫人去世了，請佛開悼熱鬧非常，把夫人安葬以後，復娶余氏，性情悍惡，虐待前娘的子女，她還想害死他們。有一天，她以毒鼠耗為名，叫雷紅買回毒藥，打了一瓶酒，交給余氏，余氏忙叫丫環把保童叫來，保童來到堂樓，見了母親問道：「母親叫孩兒來不知有何教訓。」余氏說：「為娘今天可能得了點風寒，有點發冷，把這酒在火上熱一下，為娘要發汗。」保童聽了辦好奉上。余氏說放在桌上你到書房去讀書，莫耽誤了你的前程。保童到書房去了。余氏背著僕人把毒藥下在酒內去了，等候大人朝王回府，對大人進行叮唆。

第二場

余氏唆夫詞

老爺夫你問我為甚流淚	你的妻想不通有些傷悲
你的子妻把他當著寶貝	哪知他不為貴心述有虧
仗著他入洪門秀才之類	把後娘不當人胡作非為
他說我和老爺並不相配	又說我在你家戳事撩非
說我人不像人鬼不像鬼	他說你娶了我應該倒楣
這都是老爺夫失了教誨	養不教父之過責任難推
他現在起惡念已把心昧	暗地裡在外面毒藥買回
那毒藥和燒酒互相摻兌	妻準備倒酒喝一陣風吹
鼻孔內聞到了一種藥味	你的妻不敢喝放下酒杯
你若是不相信酒在櫃內	望老爺鑑別酒誰是誰非
妻現在內心煩口吐酸水	若受孕生了子也不姓雷
為妻的對保童從未得罪	為什麼要害我使人心灰
你的妻想到此沒有趣味	不想活我只想早些西歸

「你信不信酒在櫃內你去鑑別。」大人說：「夫人，保童是我養的兒子，我知道他不是個壞孩子，況且他是個讀書人，身受朝廷頂戴，夫人你就莫錯怪人了。」夫人說：「大人有些不知，他見我有病，怕我身懷有孕，日後生了兒子要了他的家產了，因此他對我有謀害之意，你若不信，酒在那裡，叫丫環拿碗飯來，將酒合在飯內，放在中宮院裡，給狗吃了看如何。」大人同意了，果然照辦，黃犬吃完就地死了。

雷爺見此情況，當時氣沖牛肚，暴跳如雷，回到中堂，命人將保童喊來，命中軍官將保童綁了，保童不知為什麼，駭得站立不穩，大人罵道：「你這個奴才，為父將你讀書，只望你異日後成名出頭，誰知你這

個奴才傷天害理，毒害晚母，這還了得，來人，將他推出轅門午時開刀不得有誤。」這是軍令，誰也不敢有違。

現說家人雷青是個忠義之人，見了此情況，忙到堂樓找余氏太太，求太太去講個人情，把保童救出來。余氏聽了怒道：「膽大的雷青，大人所做之事，你怎麼敢過問，竟敢踏上樓來講情，我要折斷你的狗腿。」拿起棍子就打，雷青膽顫心驚，又跑下樓來，心想劉氏夫人在生時對我們一家人那麼好，夫人在臨終之前特別把我叫到病床囑託要我好生照看公子。如果公子死了，我怎麼對得起劉氏夫人呢？公子死了又斷絕了雷門的後代，這……怎麼辦？又趕快跑回家去與妻子陳氏商議，將自己的啞兒子去換出公子，果然商量好了。將自己積了多年的二百兩銀子，送給刀斧手，要求刀斧手把自己兒子換出公子。刀斧手同意了，不要他的銀子。雷青把公子換出來了，當時送出城去，銀子送給公子做路費，命公子前往永洛縣去投親，到岳父家賈府安身。

第三場

雷青送保童到賈府去投親詞

老恩公你送我珠淚長淌　　施一禮我只得跌跪路旁
該因是我的娘早歸黃壤　　父才娶余氏母鐵打心腸
暗地裡辦毒酒將父來誑　　我的父聽讒言惡氣昂昂
不由說就將我繩捆索綁　　只等得時辰到刀下而亡
多虧了老恩公惻隱心放　　捨己子來救我實在慘傷
又多沐賜兒的包裹銀兩　　叫為兒永洛縣投親隱藏
但願得這一去神祖默想　　到異日若出頭報答恩光
分別話為兒的難以盡講　　歸家去勸恩母休生悲傷

雷青還詞

聽此言不由我珠淚滾滾	尊一聲少公子請聽分明
曾記得我夫妻難以活命	在外面做乞討叫化沿門
多沐得劉夫人大施惻隱	收留我在府中格外看存
得人恩我不能忘掉根本	點水恩不報答枉自為人
劉夫人不幸得歸了泉境	丟公子與小姐好不傷心
娶余氏進門來狼毒心狠	把老奴夫妻們全不當人
刻待我夫妻們並不怨恨	她不該害公子問了斬刑
我夫妻見此情心中不忍	才商量捨己子救你出坑
說到此不由我咽喉哽哽	我的兒他已經頭首兩分
但願得雷門中祖宗庇蔭	保公子到永洛一路清平
到永洛岳父家避難要緊	若不走在此地無處安身

雷保童和雷青一別。保童身帶包裹銀兩前往永洛縣避難投親而去。雷青回到家裡傷心去，他也沒有去看一眼。

回書再講余氏她見綁了保童午時就要起斬開刀了。她想恐怕大人有回心轉意。我不免辦點酒菜進到書房做個假面子，當時進了書房便說：「老爺，今天保童年輕得罪了賤妾，是孩子一時之錯，叫丫環擺酒菜我與你喝幾杯醒氣酒，再赦卻孩兒不遲。」老爺正有此意，果然將酒擺上，不料余氏早已下了醉酒藥，喝了就醉，醉了得兩個時辰才能醒過來。大人喝了倒在書房，人事不省，到了午時炮響三聲，人頭落地，大人到未時醒過來，準備寫赦條，問家人現在是什麼時候了。家人說現在已未時過了，大人又問：「午時炮響了沒有？」家人說炮響過三聲了。大人當時說完了！捶胸頓足，自己傷心，後悔已經晚了。大人命家人叫他們收殮屍體下土好了，自己也沒有去看一眼。悲痛不已，自己睡了三天三夜不起床。這又能怪誰呢？只能怪自己性子太暴躁了。

同朝的大臣們都知道了，有的不服氣，在聖上面前奏了他一本，說他立斬孤子有欺君之罪。聖上得了奏章當傳雷公曉上殿說道：「不孝有三，無後為大，立斬孤子如同欺君。」當時就解了他的總兵之職並下到刑部獄中受罪……

再說余氏見此情況也有些後悔了。她只想斬了保童太平無事的，哪曉得聖上知道了說他有欺君之罪，解除了他的總兵之職，下到了刑部獄中受罪。余氏心想保童已經死了，當初與賈府訂婚之事，不免叫人送一封信去，叫他的女兒另外改嫁，不坑害人家的青春，當時即修了一封信，命雷紅送到永洛縣賈府，雷紅領命騎了一匹快馬前往永洛縣去了。

再說公子保童，他往永洛縣是步行，行到汝縣東門外遇上一陣傾盆大雨，不能行走，只得在一個土地廟躲雨，不料雨越下越大，天黑如鍋底，沒有辦法，只得在土地廟過夜。到了二更的時候，來了兩個人濕透了衣服，也來在土地廟躲雨的，這兩個人是兩個強盜，因天雨未曾找到財喜。見了公子便問道：「你到哪裡去的？」公子答：「前往永洛縣去投親的。」二賊聽說他到永洛縣去肯定有不少的路費，又見他只一個人，當時就拿出刀子來，叫他把銀子拿出來，不拿銀子來就要宰了他！保童無法，將包裹拿出來交給他們了，二人還將他身上的衣服扒了。二賊走了。

保童一個人在土地廟又冷又餓，衣服也被扒光了，不能出廟了，一個人赤身裸體坐在土地廟自嘆……

第四場

雷保童被劫土地廟自嘆詞

痛傷情不由人珠淚滾滾　　這一陣好似那亂箭穿心
這都是我後娘心腸太狠　　暗地裡設巧計毒害我身

我的父聽讒言怒氣憤恨	他將我綁法場問了斬刑
多沐得老院公救我性命	又叫我到永洛避難投親
臨行時贈包裹路費銀錠	囑咐我在路途時刻當心
此時節被強人俱已搶盡	你不該扒我的全部衣襟
我身上衣扒光紗無一寸	又赤身又露體寸步難行
罷罷罷倒不如尋個自盡	我只有早些死早見閻君

再說汝縣東門外弓家莊，有一人名弓長久妻向氏是個老農民，因下了一夜大雨，怕田地裡被雨水漬了，扛了鋤頭到田裡去撈溝的，從土地廟經過，聽到有哭泣之聲，走近問：

第五場

雷保童見弓長久詞

見老伯施一禮眼淚直漫	問我的來由事請聽根源
家住在京都地順天府管	我的父雷公曉在朝為官
劉氏母受誥封居心慈善	只生我兩姊妹一女一男
我姐姐名桂花十八未滿	我名叫雷保童是個生員
不幸得我的娘赴了旮岸	後又娶余氏母惹事生端
將酒內放毒藥起了惡感	父面前假意哭叼唆一番
我的父聽讒言起心不善	說我是忤逆子怒髮衝冠
當將我捆綁在法堂起斬	多虧了老院公救我命還
將自己親生子充當罪犯	換出了蒙難人好不心酸
我保童雖未斬無處扎站	又命我到岳家暫把身安
臨行時囑咐我苦情一段	老院公贈送我路費盤纏
行只在此地方又遇坷坎	遇強人將包裹概行搶完

是這樣絕了路想把命短　　老公公你看我慘不慘然
搭救我落難人多把恩感　　異日後有出頭報答恩寬

　　弓長久問明了情況，回家拿衣服來給保童穿上，穿好了衣服又把保童引回家去，叫妻子做了飯他吃，又清了幾件衣服給他帶著換洗，又送了二十兩銀子給他做路費，打成了一個小包裹，叫他到永洛縣去投親，保童問了弓長久的姓名和地址，以後好好地報恩，保童辭別恩父恩母起程走了。

　　再說雷紅送信，騎著快馬加鞭把信送到賈府，得賞銀十兩，歸家覆命不表。

　　再說永洛縣有個太師爺名崔容，家有一女二子，女名崔鳳姣，長得天姿國色，被皇帝看中了收為妃子，二子崔吉、崔阿，自鳳姣收為妃子了，崔容就是太師爺了，兩個兒子崔吉、崔阿就是國舅之稱了。崔容當日在朝橫行霸道，無惡不作，到處亂闖，被朝廷的文武大臣奏了一本，萬歲大怒，將他貶在永洛縣，誰知他在永洛縣更加變本加厲的行惡，圈養了一批家兵家將和流氓打手。其中有兩名頭目一名鎮街龍，一名鎮街虎，是兄弟倆，武藝高強，奸詐百出，他們幫助太師爺家裡做了不少的壞事，太師爺家裡私造了幾間牢房，有報殺廳、水牢，私設公堂，還養了一個猛虎傷人，在地方為非作歹，地方的人都怕他，因此他的兩個兒子都未定親。

　　再說賈順卿戶部大人看了雷府送來的信，知道雷公子犯了罪問斬了，並叫我把女兒另許人戶。戶部大人為女兒訪人戶，他在探訪不提。

　　誰知賈戶部大人的二女失配了，這事通過家人們傳出去了。一傳十，十傳百，不久傳遍了全城。

　　這時太師家裡的鎮街龍他們知道了，回稟二位國舅，說賈戶部大人的二小姐原先許與京城雷保童去了，現時雷保童犯罪問斬了。雷府派人

送信來叫他二女另許人戶，二位國舅，何不將此事稟明太師爺，下一份請帖，把戶部大人請到家裡來，用酒款待，在酒席上由太師爺提出婚姻之事，賈順卿他敢不答應。崔吉、崔阿聽了大喜，說此計甚妙。當即稟明太師爺，同意用請帖將戶部大人請來了，在酒席前太師提出了婚事，戶部大人看了一下這個局面，不同意是不行的，當即就答應了。將二位小姐賈桂梅、賈桂蓮許配了太師的二位公子崔吉、崔阿去了。並看了喜期八月二十日迎親，這件事也很快就傳遍全城，無人不知了。

再說，雷保童在路行程吃了很多的苦，來到了永洛縣，不知賈府在何處，見前面有一白髮老人，上前行禮問道：「請問大爹，賈戶部大人的住宅在何處？」那白髮老人看了看他，便反問道：「你問他做什麼？」答：「我是來投親的。」那白髮老人聽他的口音內心一驚，看了他一眼說：「此地非談話之所，跟我來到那邊去我與你說明情況。」走到無人之處，白髮老人說：「我猜你莫非是雷公子，你不知道永洛縣的鄉俗，永洛縣基本上一共兩城，縣城的南關是太師爺崔容修造的，比縣城還要闊氣，大小房屋上百間，家奴使人上百人，他家兩個兒子，系是國舅，崔吉、崔阿，在永洛縣來說，他家頗有威風，誰都怕他。你問的是戶部大人（賈順卿）的家，他家住在西關，這永洛縣有錢有勢的除了太師爺的家就是戶部大人的家，他家有兩個小姐（賈桂梅、賈桂蓮）當初許配給京城總兵大人的兒子雷保童為婚。前不久有人送信來說雷公子犯罪已經問斬了。信中還說叫戶部大人將女兒另許人戶，所以戶部大人把她的兩個女兒許給崔吉、崔阿去了。這件事永洛縣是人人皆知。如果你要是雷公子來投親的話，那就太危險了呀，公子你看那邊來人了，老漢失陪了。」

雷保童聽了白髮老人的話，氣得滿頭大汗，心裡說：可恨晚娘母的心太惡毒了，你害我的性命未死，又拆散我的姻緣，你是我前世的冤結，今生的對頭，如今害得我進退兩難。回京又無路費，此地又無親無

鄰又無生活，這如何是好？只得在街坊討口過日子，討得幾個錢，買點紙筆，寫詩賣字，慢慢過日子了。

有一天，戶部大人拜客回府，從街上經過，看見前面好多人在擁擠，命賈能上前去看看是什麼？賈能當時看了回稟大人，是個叫花子寫詩賣字。大人問：「詩作得如何？字寫得怎樣？」賈能說：「那要大人親自過目，小人不知好歹。」大人說：「你叫他過來本大人要問問他。」果然賈能把他帶過來了，大人一看，這小子面貌非凡，再看他寫的詩詞，詞句字跡平仄韻腳，都值得欣賞……想帶他回府當個傭人，當時與他說了，保童也同意了，就帶他回府去了。在府上大人問他的姓名和住址，他答：「小人家住在汝縣東門外弓家莊父親弓長久，母親去世了，小子名弓保童，因晚母不賢苛待與我，所以逃出在外討口賣詩，望老爺賙濟。」戶部大人說：「據你所說，有國難投，有家難歸，現在到我家來，就是我家的人了，就要另取名字，不能叫弓保童。」保童答：「大人收我在府上，要我做些什麼事情呢？」「你的主要工作就是燒茶送水的。」「那就把小子取名茶童好了。」大人說：「好聰明的小子呀！」見景生情。當時命賈能把茶童引到更衣亭把衣服換了再去見夫人，叫他跟夫人聽用，保童在戶部大人的府上當茶童暫且不提。

回書再說京城的余氏後娘，每天坐在堂樓暗想：「我只想害死保童，哪知聖上知道了，降罪於老爺，把老爺下到刑部獄中受罪，丟下桂花丫頭，每天在西樓啼哭，討厭死了。不免把這個小賤人賣得遠遠的，永不見我的眼睛，只有這樣才能消除心頭之恨。」主意已定，叫雷紅到街上找了丁媒婆來。果然雷紅把媒婆找來帶到堂樓見余氏，媒婆見了余氏忙跪地叩頭。余氏說起來，請坐下吧。謝坐，余氏說：「我家老爺斬了兒子，聖上知道了，降罪於他，把他下到獄中受罪，如今聖上有旨需要二十萬兩銀子可以贖罪出獄，我們家哪有那麼多銀子呢？到各處親朋中去告借，現已還差八百兩銀子無法湊齊，把桂花姑娘賣出去只要八百

兩銀子，當天接人都可。」媒婆說：「用銀子買人，那就難找個好的對象。」余氏說：「我不管她對象好不好，那些做七、八、九、十房夫人的不是人，你就不管她好不好，拿八百兩銀子就接人與你無關。」媒婆說：「只要夫人能做主的話，那我就好辦了，現在黃相府想娶第四房妾，如果夫人同意的話，我去一說就成功，只要他能兌現的話，拿八百兩銀子任何事情都解決了。」媒婆到相府對相爺說：「蠻好一個黃花閨女剛滿十八歲，人品好得沒有配對的，她要銀子一千兩，少了半兩她都不幹的。」黃相爺聽了二話沒說，叫黃成稱了一千兩交給媒婆，當天接人。媒婆從中得了兩百兩銀子，交了八百兩給余氏，媒婆說今天就要接人，余氏說：「我不替別人養人的。」媒婆說：「請夫人叫小姐收拾上轎。」余氏把桂花小姐叫出來說了賣女贖父的情由，到人家去是做姑娘，日後我們有錢了就把你接回來。桂花是個孝女，聽說贖父親的罪，二話沒說就上轎了，桂花心裡是苦不堪言，哭也無益。黃相在家等候轎子到了好拜堂的，轎子沒有等到，聖旨到了要黃相馬上上殿有事相商，黃相接聖旨上殿去了，黃相走了轎子來了。桂花下轎見徐氏夫人：

第六場

桂花小姐見徐氏夫人詞

尊夫人駕在上容奴跪稟	請聽我把來由細說分明
家住在京都地御街附近	父名叫雷公曉官居總兵
遭不幸我的母一旦命殞	娶余氏晚母娘居心不仁
一心想害我們姐弟性命	又將弟綁法場問了斬刑
文武臣奏聖上龍心怒震	斬孤兒如欺君其罪非輕
將我父丟與那天牢受困	晚母娘說賣女贖父回程
為奴僕做丫環我都承領	要小女來做妾死不甘心

還望祈老夫人恩留一寸　　　搭救我落難人永不忘恩

　　桂花小姐訴說了晚母余氏害她姐弟的情況，徐氏夫人叫桂花不哭了，坐下，並說你不要害怕，你家父親和我家相爺是年兄弟之稱，收你為妾作為罷論了，姑娘我跟你講，我這個人是個苦命的人，我這一生，沒有生過孩子，無兒無女的，我有心收你為義女，不知你意下如何？當時桂花跪地口稱恩母受女兒一拜，誥命夫人雙手扶起說道：「你的爹尊買你做四房，我又收你做義女，他會有些不樂意的，為娘去找他說說道理。」不覺來到了書房，丫環上前報導：「誥命夫人駕到。」相爺忙起身相迎說：「夫人不在樓上休息到書房為了何事？」夫人說：「我來與你算賬的。」相爺說：「我們老夫老妻有什麼賬算呢？」夫人說：「你當初娶我的時候你對我說過，你說我們夫妻相親相愛，白頭到老一夫一妻永不再娶。後來，我沒有生育，你說我不爭氣，你不但娶二房未生又娶了三房，如今二房三房都不生，這又是誰不爭氣？你今天又背著我，聽說你花了千兩銀子又娶了第四房。你不請我喝喜酒，我來向你要喜酒喝的，就是來算這個賬的。」相爺說：「夫人，這件事本來就要和你商量的，因媒婆說得太急了，來不及和你商量，請夫人原諒，因為太急沒有搞酒，如果夫人要酒喝的話，再叫他們搞酒喝也不遲。」

　　徐氏夫人說：「相爺我想喝你的喜酒沒有喝到，那就請你喝我的喜酒。」相爺說：「夫人你有麼喜酒我喝呢？」「我今天收了一個義女，特地接你喝我的喜酒。」誥命夫人命丫環把小姐扶出來見他的爹尊，與她爹叩頭。果然丫環將桂花小姐扶進了書房，相爺舉目一觀，這女子有沉魚落雁之容，閉月羞花之貌。相爺看了問黃成說：「黃成我給你一千兩銀子，你給我娶的四房夫人呢？」黃成說：「這……」那徐氏夫人向他把眼一鼓，哼了一聲，黃成也不敢說了。相爺追問黃成說：「你再吞吞吐吐不說就要招打了，說打拿棍子就打，黃成怕打，只得說出實言，

指著桂花說，她就是的。」相爺聽了大怒說道：「你這個小賤人，這還了得，我花了一千銀子娶你做四房，你到相府來搞鬼。」當命黃成拿鞭子來打死這個小賤人。

徐氏夫人忙上前說道：「是我收的義女，哪個大膽的敢打，哪個大膽的敢收她為四房，你是宰相仗著勢力，我娘家的弟弟是定國公九千歲，我怕你，不然我同你上殿面聖評理。」誥命夫人怒氣不息，拿起龍頭枴杖就打，並喊：「二夫人、三夫人都來幫忙打這個老狗。」被黃成在中間攔住了，把一個宰相吼糊塗了，徐氏夫人說：「二夫人三十歲未生，三夫人二十八歲未生，你就是娶個十房八房也不會生的，你還說我不爭氣，真正不爭氣的是你。我問你這姑娘是誰家的姑娘，她就是御街前鎮京的總兵大人雷勇之女名叫雷桂花，你與她的父親是同朝做官，都曾是年兄年弟，你娶他的姑娘做四房，你是當朝的一品宰相，他是總兵之職，將來怎麼對得住人。」把個宰相說得無言可答。伏在桌上不言不語了。

徐氏說：「今天我收了義女，該我請客，二夫人、三夫人都去喝我的喜酒。」丫環把小姐扶到中堂喝酒去了。黃相一個人感到無味了也慢步來到中堂向徐氏夫人賠罪認錯。徐氏夫人見相爺來了說：「我們喝我們的酒，他去娶他的四房。」黃相對夫人說：「夫人，老夫錯了，我再也不娶四房了。如果再娶四房，等我雷劈火燒。」夫人見他發誓了，忙叫姑娘桂花拜見爹尊，桂花跪地口喊爹尊，大人扶起女兒道：「為父明天上朝奏本保你的父親。」桂花忙謝爹尊，以後全家人對桂花很好，桂花在相府暫不提。

回書再說雷保童，在賈府當茶童，到了八月中秋節賞月的時候，戶部大人吩咐家人打掃百花亭內，把百花亭擺設布置好，今晚老爺夫人小姐全家人中秋賞月飲酒起樂吟詩起趣。賈能命茶童負責百花亭內的擺設。保童心想我從五月進府到今天是八月十五了，百把天了沒有見過小

姐，不知小姐的心思如何，大概今天晚上可以見到小姐。保童很高興地把百花亭打掃得干乾淨淨，擺設得整整齊齊的。到了晚上，全家人都來到了百花亭。丫環擺酒，戶部大人和夫人上坐，兩個小姐左右相陪。兩個小姐在亭內東張西望，感到亭內的空氣格外新鮮，問了丫環說這畫是何人掛的。丫環說：「這是茶童掛的。」小姐問她的父親說：「爹尊，我們家哪來的個茶童呀。」大人說：「這個茶童，是在大街上賣詩詞字畫的，他的詩寫得很好，字也寫得不錯，為父的是個讀書人，詩文通骨肉，激起了為父的惻隱之心，我就把他收在家裡當個傭人，倒茶送水的，因此叫他茶童。這亭內的字畫都是他寫的。」大人命丫環把茶童叫來，丫環果然把茶童叫來了。丫環說：「這是我們的大人、夫人、小姐，快跪下叩頭呀。」茶童說：「我不會叩頭，因為我沒有學過叩頭。」丫環說：「你這大的個人，連叩頭都不會。」大家都笑起來了。小姐桂梅說：「他不會叩頭就叫他出去。」茶童走出了百花亭。戶部大人把杯子端起來喝了一口酒，心中高興，吟起詩來：

在百花亭內吟詩
大人詩：
天上有道按季節五風十雨
夫人詩：
地下有道民安樂萬紫千紅
桂梅詩：
人逢喜事精神爽，月到十五放光芒
桂蓮詩：
亭內詩酒賀中秋，亭外茶童悶沉愁
（茶童在外聽到亭內在吟詩相笑，諷刺挖苦他，他氣憤地也吟起詩來了。）

茶童詩：

中秋月明照九州，有人歡喜有人愁

有人起樂飲美酒，有人愁悶在外頭

龍游淺水招蝦戲，虎落平原被犬欺

胸藏萬卷唇難敘，鳳凰不及籠內雞

時運不通好怪哉，烏雲遮住棟梁材

懷抱一株珊瑚樹，走遍天下無人栽

有心求名名不遂，有心求利利不來

有朝一日凌雲志，要把乾坤扭過來

山上青松山下花，花笑青松不如它

有朝一日嚴霜下，只見青松不見花

現時鯉魚未成龍，落在淺水污泥中

有朝一日春雷動，跳出龍門上九重

吟罷詩各自散去，二位小姐產生了懷疑，這個茶童有這麼高的文化，他不是個一般的人，他是個有才有志的人，為什麼他要在我們府中當個茶童呢？他心甘情願地做一些下賤事，這裡面必有屈情原因。今天夜晚叫春紅丫環把他叫上樓，問問他的根源，到二更時，丫環把茶童叫到樓上來了，說的是飲酒吟詩，茶童同丫環來到繡樓，小姐請他坐下問道：

第七場

雷保童對二位吐實情詞

賢小姐你不必將我來問	提起了家鄉事肺腑皆疼
家住在京都地御街附近	我的父雷公曉官居總兵

劉氏母受誥封夫人一品
我就是雷保童十六將進
自幼日與賈府結為秦晉
遭不幸我的娘一旦命殞
晚母娘進門來狼毒心狠
我的父聽讒言怒氣憤恨
多虧了老院公救我性命
救出了我的命無法藏隱
臨行時贈包裹內有銀錠
行只在那汝縣又遭不幸
又多沐老恩人前來動問
行只在永洛縣仔細打聽
無奈何賣字畫暫把口混
在你家當茶童三個月整
這是我實情話小姐思忖

生下我兩姐弟接起後根
我姐姐名桂花年長三春
定國公為媒證指腹為婚
娶余氏晚母娘人面獸心
買毒藥放酒內蒙哄爹尊
不由說捆綁我問了斬刑
舍親子來替換救我殘身
他命我快快走遠遠逃生
又叫我到永洛賈府投親
被強人打了劫概搶乾淨
他名叫弓長久又贈路銀
說小姐許崔家已結朱陳
遇大人收留我帶進府門
今日裡遇小姐才吐實情
你看我落難人傷不傷心

賈桂蓮、賈桂梅還詞

梅：聞此言不由奴珠淚滾滾
蓮：請相公休悲傷暫把淚忍
梅：想先年雷賈家結為秦晉
蓮：我的父將姊妹另行下聘
梅：父將我許崔家決不答應
蓮：你不信我姊妹給你憑證
梅：奴這裡取金鐲作為贈品
蓮：我這裡有玉環公子承領
梅：話更長夜已短表之不盡

尊一聲雷公子請聽詳情
小女子有番話對你說明
憑媒妁徐千歲指腹為婚
這件事我姊妹並不知情
他想我到崔家萬萬不能
或三年或五載認憑招親
請相公收藏好切莫看輕
這件事望相公莫漏風聲
請相公放寬懷切莫憂心

蓮：這是我姐妹們真實情景　請相公切莫要二意三心
梅：雷相公下樓去莫要憂悶　異日後自然有絕處逢生
蓮：望相公出了頭莫忘根本　我姊妹下決心靠你終生

　　公子說畢桂梅、桂蓮贈了金鐲玉環永遠為證下樓去了。

　　過了五天就是八月二十日，二國舅前來迎親，戶部熱情招待。丫環上樓稟明小姐，小姐聽了當時用鎮房寶劍要自刎，丫環春紅阻攔並設計打發走了國舅和其他迎親的人。

　　夫人大罵二女，老爺要把二女治死，小姐對大人說：「為什麼要把我們許與崔家？」大人說：「因為雷公子犯罪死了，你們是女子，不能跟我一生。」小姐說：「假若雷公子沒有死呢？」大人說：「雷公子不死，為父也不得把你們另許崔姓了。」小姐說：「雷公子沒有死，就在我們家裡，那個茶童就是雷公子。」當時把茶童叫來。

　　小姐說：「這就是官家的後代，站有站相坐有坐相。」戶部聽說茶童是雷保童，火高萬丈！當時忍氣說：「你們上樓去做準備，又命雷保童到更衣亭去更衣衫準備完婚。」姊妹喜之不盡上樓去了。

　　大人命賈能將保童用亂棒打死了準備抬去埋掉，有的僕人說：那不行，我們府內的茶童人人皆知，不如把他抬到永洛縣去說他是江洋大盜，偷竊我們府內的庫銀，被我們捉住了把他打死了，請縣老爺處理。戶部大人又寫了一封信，抬一罈美酒命家人送到縣衙要縣官照辦。縣官不敢不辦。

　　賈能押送到縣裡把戶部大人寫的信呈上，縣老爺看了書信說：「既是戶部府的案情，下官照辦。」賈能謝過老爺回府去了。

　　再說永洛縣縣官梁子青，命人役將大盜帶上堂來，人役走攏一看，用手一摸沒有氣了。回稟老爺，這個大盜是個死的。老爺聽了一驚！這就難了，這就是你戶部大人的不是了，為什麼將個死人送來呢？你既是

捉住了響馬大盜，就不該用私刑打死，既是打死了，就不該送到縣裡來，這……真是欺人太甚了。本縣在永洛縣上任十三年了，不是南關太師的訟詞，就是西關戶部大人的官司，你們兩家仗勢欺人。我這個縣官，就成了你們兩家的縣官了。怎麼辦？只能恨自己的官太小了。

縣官當時命仵作把屍體驗一下，仵作稟報：「周身青紫，遍體鱗傷，身體還有熱氣，尚有微微之氣。」梁老爺說：「現用硃砂相兌，金簪探口，用開水送入口內。」不時還陽轉來。老爺吩咐人役散去，等他休息一會兒等他清醒了再問，把他轉到二堂上去。

第八場

雷保童見縣官梁子清詞

大老爺坐法堂容我上訴	聽學生把來由細說從頭
家住在京都地御街背後	我的父雷公曉食王爵祿
我名叫雷保童草字文秀	年只有十五歲已把泮游
我的娘劉氏母歸了故土	娶余氏晚母娘居心狠毒
暗地裡她用那毒藥泡酒	哄我父說是我想把她謀
父一聽就發了雷霆大怒	當將我綁法場定斬不留
多沐得老院公把我搭救	為救我他舍了親生骨肉
送包裹和銀兩拉著我手	命我到永洛縣去把親投
戶部女在腹內與我婚媾	憑媒妁徐千歲毫無怨尤
到現在他將女另行配偶	許崔府二國舅傷風敗俗
得此信我只有多把氣惱	無奈何賣字畫暫度春秋
又遇著賈戶部街坊遊走	他看中我字畫把我收留
隱其名埋其姓實情未吐	在他府當茶童身居下流
在他府已過了三月之久	中秋節吟詩詞識破情由

二小姐將此情對她父訴　　她的父怒氣起棒打不休
他將我打死了送官追究　　說我是江洋盜響馬匪徒
這是我實情話並未虛構　　望老爺分皂白考察案由

梁子青還詞

叫一聲保童侄暫把淚忍　　我就是你姑父名叫子青
賈順卿他為人刻薄慳吝　　仗勢力有錢財到處行橫
有家奴和使女一呼百應　　有惡僕和打手還有家兵
崔太師在永洛壞事做盡　　那崔吉和崔阿永洛有名
鎮街龍鎮街虎兩條惡棍　　這兩人是打手武藝超群
他家有養虎廳常把虎馴　　不知道害死了多少黎民
他家中私設有公堂審問　　關黑房坐水牢各種私刑
太師爺他的子國舅身分　　有錢財有勢力無人說親
就因為你後母送來一信　　二國舅知此事告稟父親
他的父設酒宴把戶部請　　逼戶部許婚姻人皆知聞
賈順卿無奈何只得應允　　若不允他家神供之不成
憑官職崔府大泰山壓頂　　憑勢力賈戶部鬥他不贏
賈桂梅賈桂蓮堅決不肯　　搭禮品只鬧得滿城風雨
這門親勸賢侄已作罷論　　有青山不愁柴古人所云
望賢侄讀讀書努力發憤　　身榮顯自然有才子佳人
崔賈家在永洛欺人太甚　　你姑父丟烏紗要打不平

　　老爺說：「我是甲子年中舉，乙丑年會進，放我到永洛縣當正堂。那時你只有三歲，我到你家去拜了客的。」保童說：「既是這樣，那就望姑父大人搭救小侄了。」老爺說：「賢侄你放心，為姑父的就是這頂烏紗帽不要，也要與侄兒申冤。走，與為姑父的到後堂去見你的姑母，

把情況對你的姑母說說⋯⋯」

這梁子青心想：「戶部大人送來的江洋大盜很明顯是假的，這案情本身就是冤案。如果辦成冤案，戶部大人是不會饒恕我的。辦成盜案，我的良心上過不去，況且又是我嫡親的舅姪，就不是我的舅姪，我也不能辦成盜案。既不辦成盜案，又要使戶部大人樂意，這就難了怎麼辦呢？」

他想來想去，不知道怎麼辦好，最後他想了一個辦法，依靠群眾，群眾力量大，人多智慧多，把案情在衙內所有的人員中公開，讓大家想辦法處理這一案情。老爺吩咐衙內廚房辦二十桌酒席。衙內的三班六房一切人員都在大堂吃酒，今天是老爺招待的。到了晚上吃酒時，老爺說：「今天請大家來吃酒並非有重要差事，因為戶部大人送來的響馬本縣審不清楚。特地請大家來，向大家領教。要求大家來出點子。」差人們說：「這個案情本身就是個假的，誣他是響馬大盜屬冤枉。他是賈府內的一個茶童，我們都認識他。他原先在街上寫詩詞字畫賣，是戶部大人看中了他，收他在賈府當茶童的，這誰都知道呀！依小人們之見，要救活他一命。」老爺說：「你們都願意嗎？」差人們都異口同聲的說：「我們都願意。」老爺喜之不盡，並說大堂擺得有酒席，眾位去吃酒，又命保童向眾位敬酒三杯。老爺又說把戶部大人送來的一缸美酒拿出來開得大家喝，眾人抬出來打開一看，不是美酒，是一千兩銀子，老爺說：「這一千兩銀子你們拿去分了它。」衙役們說：「我們不要，送給雷公子，叫他進京去做路費。」老爺又說：「公子他走了，如果戶部大人他活著要人死了要屍怎麼辦？」眾人說：「這好辦，南衙的死囚多得很，把那罪重的處死一個，將屍體抬至西門外『亂葬崗』裡埋掉，只說他們抬來響馬大盜是個死的，這他的家人賈能是知道的。」老爺一笑對眾人說：「妙，此計甚妙。」老爺又對保童說：「這一千兩銀子大家都不要，都願意送你做路費進京城去，以後要知道恩情呐。」叫保童謝謝

大家。到晚上，梁老爺挑選了十名精幹的差人護送保童進京城去了。又派人到賈府去送信說響馬大盜已死了也埋了。

回書再說賈府的二位小姐準備完婚的，誰知久等無信，小姐命丫環春紅下樓去探聽一下，家人們都在議論紛紛，都說茶童不經打，只幾下就打死了，還送到縣衙去說他是響馬大盜。春紅將此情況告訴了小姐，二位小姐聽此凶信，在繡樓痛哭不已，要行自盡，又被春紅阻擋住了。

二位小姐又命賈能去縣衙探聽茶童的消息，衙役對他說，你們抬來就是個死的，我們已經抬在西門外「亂葬崗」裡埋了，把情況稟明小姐，你們不信，可到西門外「亂葬崗」裡一個新墳就是的。二位小姐心想一定要去看看我們給他的金鐲玉環還在不在他的身上，二位小姐和丫環三人找到西門外「亂葬崗」就只一個新墳。三個人刨沙，一下就刨開了。一條蘆席用個要子捆著，打開一看是個老人還有鬍子，不是公子，她們心想可能是縣老爺救了他讓他回京城去了，我們不免趕往京城去找他。

再說二國舅回府去帶了人馬前來把戶部府包圍了，向戶部要人。戶部說：女兒和丫環到西門外「亂葬崗」去了。二國舅帶人趕往西門外，果然看見了小姐和丫環三個人。主僕三人見國舅的人馬趕來了，無法隱避了，三人一同投江而亡。二國舅趕攏一看人影不見，空手而歸。

再說朝廷有個威武侯姓林名文素，他領兵去雲南談判，和云王達成了協議，現時他回朝繳旨，官船從此經過，準備停船不走的。見前面有人投水，連忙命人救起，是三個女的，尚有微微之氣。林爺命中軍官取出探水珠將她們救活了，問了原因。將她們收為義女，在林爺的船上往京城而去暫不提。

再說京城的黃丞相辭官不做，要回江南宜新縣。做了辭職表章，奏明聖上，說他年老不能勝任工作。聖上看了他的奏章，准了他的辭職。黃丞相與徐氏夫人做回家的準備。丫環知道了，告訴小姐桂花，她聽了下樓對爹尊說：聽說你老人家要辭職歸故，小女有件要事與爹尊商議，

這次回家就要離開京城了，我的父親在天牢我想去看下，求爹尊奏明聖上。丞相同意了，並叫廚房辦了酒菜，次日命黃成僕人引路抬了一缸美酒到天牢父女一見。

第九場

桂花小姐天牢看父詞

見父親坐天牢珠淚滾滾　好一似那鋼刀刺在兒心
遭不幸兒的娘早年喪命　丟下我兩姐弟孤苦伶仃
後才娶余氏母狼毒心狠　暗地裡瞞父親巧把計生
我的父聽讒言虛實不問　將弟弟綁法場問了斬刑
萬歲爺知道了龍心大震　斬孤子如欺君其罪非輕
把我父押只在天牢受困　余氏母在家中又起毒心
她假說家中銀俱已用盡　沒得銀贖父罪要女賣身
兒只說救父親當時應允　狠心娘她把女賣與黃門
做丫環為奴僕兒不怨恨　賣他府做四房傳接後根
為兒的說出了父親名姓　不做妾收義女當著親生
我恩父因年邁告職回郡　才命兒進天牢辭別父親
傷心話你的兒表達不盡　但願得神祖佑早出陷坑

雷公曉回詞

聞兒言不由父悲聲大放　想起了當初錯悔斷肝腸
這都是我前生修積不廣　故今生只落得這樣下場
兒的娘臨終時曾對我講　她言道若再娶選擇賢良
這也是我全家應該這樣　娶余氏狗賤婦狼毒心腸
愧只愧為父的虛實不訪　悔不該誤將兒斬首法場

萬歲爺知道了聖旨下降　　　將為父下天牢禍起蕭牆
為父的在天牢終日思想　　　每日裡掛欠兒如刀割腸
今日裡兒進監說明情況　　　恨賤人做的事甚是猖狂
幸虧是將兒賣黃姓府上　　　黃丞相與為父親密非常
兒歸家父有言回覆丞相　　　搭救了我女兒感恩不忘
兒此去到江南休要淚放　　　切不要把為父掛在心旁
父女們衷腸話難以盡講　　　兒快快出天牢休生悲傷

父女灑淚而別。黃丞相看了吉期準備起程，皇城內外的文武大臣官員們都前來送行。

回書單講雷保童，在京等候考期一到進得場去，按考試手續照題作文提前交了卷子。嘉靖皇上看了保童的文章，大喜，又看了人才，試了他的口才，御筆親點了雷保童頭名狀元。由娘娘來給他披紅插花，打馬遊街數日，轟動了全京城各個街道，號稱御街，也是最熱鬧的一條街，定國公徐爺號稱九千歲住在這條街上，威武侯林文素千歲也住在這條街上。梁子青聖上有旨調他到京城準備在刑部理事，候旨到任暫住在公館，也在這條街上，狀元公打馬遊街遊到這條街上來了，林文素的樓上窗戶裡，春紅丫環一看，就認出是雷公子，把二位小姐都喊來看，都確認是雷公子。看完後二位小姐稟明養父，並說要把新科狀元請到府上來，林爺說：「我才不請他呢。」二位小姐說：「父親，求您了。」林爺說：「不要你們求，他會自己來的，他要來拜客的，不接也要來的。」狀元游了街以後就參拜三宮六院五府六部九卿四相。首先參拜了定國公徐爺，又參拜了林文素，與二位小姐和丫環見面了，又參拜了梁姑父，同姑父商量如何救父親出天牢，寫了一道奏章：「啟奏吾主萬歲萬歲萬萬歲，臣父雷公曉誤聽讒言，立斬孤子有欺君之罪，望祈主公，不記以往，赦卻臣父出獄，小臣不勝欣羨之至。雷保童。」

聖上見了奏章，准其所奏，赦卻雷公曉出獄，要狀元公到天牢去接
父親。父子會。

第十場

父子會詞

見保童為父的滿面羞愧　　　父子會猶如似晴天響雷
兒的娘臨終時說的很對　　　怪只怪為父的無有作為
她叫我若再娶切莫選美　　　要選擇賢淑女後必光輝
娶余氏狠毒婦百計奸詭　　　每每的父面前無事生非
她說兒在酒中毒藥摻兒　　　一心想謀晚娘胡作非為
父不信喚狗吃果然命斃　　　父當時未審查其中隱微
就將兒綁法場問了斬罪　　　這是父一時錯起心太虧
只怪父性魯莽不識虛偽　　　狗賤人用美酒將我醉迷
酒醒後為父的心中後悔　　　人已死不能活暗裡傷悲
同僚者打不平啟奏萬歲　　　聖旨降下天牢名聲難背
狗賤人二次裡又把心昧　　　假說是賣桂花把父贖回
賣與那黃丞相去做妾婢　　　幸將她收義女多把德培
你姐姐來探監父女相會　　　與恩父去江南告職回歸
問我兒卻為何身顯榮貴　　　斬殺時是何人救命解危

雷保童還詞

老爹尊問是誰解危救命　　　救命的大恩人院公雷青
救了兒又贈銀叫兒逃命　　　他叫我到永洛岳家投親
辭院公背包裹忙往前奔　　　走到那汝縣裡大雨傾盆
看看地天色晚難把店進　　　無奈何土地廟避雨遮身

到半夜雨不止心中煩悶　　突然間進來了兩個賊人
剝兒衣搶兒銀令人惱恨　　只害得為兒的寸步難行
無奈何你的兒準備吊頸　　又遇著弓長久救命恩人
帶回家問情況大施惻隱　　贈銀兩與衣服叫兒起程
到了那永洛縣過細打聽　　聽老人說實話膽顫心驚
他說是晚母娘送去一信　　寫的是雷保童已經喪身
叫岳父將小姐另行擇聘　　莫坑害二小姐年幼青春
聽人說許崔姓未把門進　　賣詩詞遇戶部收進府門
報假名當茶童慢把日混　　中秋節在花亭賞月散心
抱怨恨吟詩詞小姐驚問　　到夜靜請上樓吐出實情
二小姐贈金鐲玉環作證　　她和我終身事永無二心
崔國舅來求婚小姐不肯　　親女婿當茶童對父說明
賈戶部聞此言巧計安頓　　假說是換了衣燕爾新婚
命家奴將為兒亂棒喪命　　誣為兒是大盜送縣衙門
縣老爺梁子青將兒審問　　大堂上兒說出父親姓名
審問後他對我姑侄相認　　用死囚掉換兒巧把計生
命差人護送兒來把京進　　大比年進考場得點頭名
為兒的金鑾殿謝恩奏本　　父子們今相會感謝聖恩

　　父子會後，由狀元公帶領父親上殿謝恩，聖上將原職復上並批准他
休假一月，謝恩下殿。拜了各文武大臣，又拜定國公徐爺，拜訪時談到
兒子的婚姻大事，從前是徐爺為媒，敬請徐爺到林千歲的府上說明婚姻
大事，準備擇期完配，林千歲應允。由雷公曉和妹丈梁子青磋商辦理雷
保童的婚事。首先派人到江南宜新縣去把桂花接回到京城。兒子，老
子，姑娘都回到了京城了，全家人團圓了。余氏無面見他們，她自己上
吊自盡了。

雷保童將自己在難中的遭遇特別是雷青舍子救他性命一事奏明聖上。還有徐千歲保奏，說他可算少年奇才。

聖上當下聖旨封：

封雷保童為吏部都堂之職

封雷公曉為鎮京總兵之職

封雷青為忠義大夫、陳氏為仗義夫人

封梁子青加封刑部之職

封賈桂梅、賈桂蓮為義勇節貞一品夫人

封春紅為仗義扶保二品夫人（春紅是二位保薦的）

雷桂花配東宮太子

雷紅看到雷青封為大夫了，他也想討封，他想什麼時候找狀元公好呢，只有狀元公大喜的日子好。結婚的那天，狀元公的大喜日子到了，聖上贈了珍珠一雙，懸掛在狀元府門好不熱鬧，來賀喜的文武大臣來了不少，擁擠不通，來賓太多了。

雷紅站在旁邊插不進，門口還有兩個叫花子站在那裡嘴裡說：「今天是狀元公的大喜之日，非要酒席不可，不把[1]酒席是不行的。」

雷紅說：「我都沒有酒席，哪有你們的呀。」兩個叫花子說：「你是什麼東西？」雷紅說：「你是什麼東西？」兩個叫花子拉著雷紅打起來了。狀元府內的文武都出來把他們弄到後面去一審，一問都出來了，雷紅是余氏的人，他幫助余氏幹了很多壞事。兩個叫花子是一個黑三，一個叫黑四，這兩人是在土地廟打劫了公子的，三個人各打了一百板趕走了。賈能也是打了一百板趕了。這本書就是善者償，惡者罰。

賈府一切完蛋，崔府滅門絕戶。

---

1 把：方言，同「給」。

君子亭

袁大昌

　　書出明憲宗成化年間，浙江金華府，有個窮秀才柳易生，父母雙亡，十六歲，隻身一人，學而不輟。適逢朝開大比，缺少盤纏赴考，就打點到杭州梅家塢求借。

　　花開兩朵，杭州城有個秀才名叫王昌，十八歲父母雙亡，常年寄讀在外，家中留下妻子孟月華與妹妹素英看屋。這素英十六歲未許門戶，知書識禮，賢淑美貌。姑嫂情同姐妹，日子過得十分和睦。這天正是清明節，孟氏要回娘家掃墓看望爹娘，素英幫忙備了祭品點心，孟氏囑咐小姑好生看守門戶，今天一定趕回家來。

　　時過午後，天色漸漸陰沉下來，素英不見嫂嫂回來，就開門遙望，依然不見，掩門進屋獨坐堂前繡花。

　　再講那柳易生來到杭州城內，天已不早，因受風塵發燒，抬頭一望門前有條浣沙溪畔，桃李花開，青石門欄粉白牆壁一戶人家，門庭雖是衰落，看樣子是詩禮相傳，界腳石上是王寓，他頭痛發燒厲害，借石檻坐下往門上一靠便倒，駭得素英一驚，柳易生爬起說了情況，想告退走，素英見他有病就問其來歷。

第一場

柳易生對小姐詞

賢小姐問來歷我不瞞隱	並非是不良輩小姐放心
家住在金華府南門附近	父母死無姐妹獨自一人

我名叫柳易生秀才身分　　家貧窮十六歲未定婚姻
今乃是大比年難把考應　　怎奈我無盤費進京求名
出外來求親友告借憐憫　　我是到梅家塢路過杭城
行至此卻不料突然起病　　腦殼疼又發燒寸步難行
故坐在石檻上倚步作枕　　不知是虛掩門跌倒埃塵
並不是失禮節不告而進　　因有病望小姐原諒小生
想必是一路上翻山越嶺　　受風寒染疾病發燒頭疼
聽說是燒薑湯為我除病　　領謝了小姐的一番好心
我還要趕路程不能久等　　又兼之男女有授受不親
小姐的惻隱心令人可敬　　柳易生難報答知遇之恩
我好比淺水龍沙灘受困　　若無有春雷響不能騰雲
並非我因家貧心灰意冷　　讀書人誰不想指日高昇
謝小姐好金言一定一定　　金榜上題了名來府酬情
小姐多情多義小生慚愧　　那我就飲薑湯然後辭行

　　素英叫他稍等片刻，捧來薑湯，柳易生接過手就喝燙了嘴唇，素英側身抿口暗笑，柳易生喝下發出一身大汗，幾個噴嚏覺得輕鬆，再三告謝出門。天要下雨了，素英忙將雨傘相贈，還說道：「這把傘，還不還來有什麼要緊呢。」

　　柳易生見情難卻，接在手上對素英說：「這把傘就是走到天涯海角，我也要送來還與小姐的。」說畢，告辭走了。

　　不一會兒王昌匆忙回家，是回家收拾赴考的，問了妹妹見妻子回娘家未歸，但見天低云暗，便要拿傘在途中去接孟月華。素英說道：「方才有過路的相公，我見他有病，借得那公子去了。」王昌聽了說：「有道是男女有別，你嫂嫂又不在家，我們是書香人家，有失閨門體統。」「豈不聞惻隱之心，人皆有之。你的書是怎麼讀的？」王昌被妹妹說得

啞口無言，負氣而去。

暮色蒼茫，大雨傾盆，在通往杭州城的大道上有一座「君子亭」，孟月華進亭避雨，小偷沙一閃身亭後，周身被淋濕透了的孟氏見亭內四下無人，就整理衣褲，卻被沙一從六角窗口拎去孟氏頭上的鳳頭釵。

這時柳易生冒雨往君子亭而來，雨傘撕破，風雨越來越猛，也進來躲雨，看見一女子，心想：「瓜田之下不納履。」欲走不能，只好站立屋簷下，低頭不語。

孟氏心神不定，提心吊膽：「此人好壞不知，否則以命相拚。」窗後的沙一心想：「他們要是不規矩，那就是我的運氣來了。」

三個人三條心，時至五更，風停雨至，柳易生挾傘離去。

孟月華如釋重負，望著柳的背影，回顧君子亭讚歎：「好一位正人君子啊！」孟氏也起身匆匆回家。

單說有個賣酒的杜氏，每天都來君子亭擺酒攤。沙一最後出亭，手執鳳釵，想來賒酒喝，杜氏一見將鳳釵奪過來，把前後的酒賬一算，他不肯還，就問鳳釵的來龍去脈？沙一說了前夜的經過。杜氏收了這筆賬，還說要去報官，駁走了沙一。

杜氏插上鳳釵拎一隻竹桶去打水，適逢王昌在岳父家被雨阻隔一夜，弄了花田臉，歸心似箭，心急如焚，急忙撞倒杜氏，連忙賠禮，哦，原來是王相公不要緊，就把昨晚一男一女夜宿涼亭，添油加醋，並說是親眼所見。王昌言：「世上固有小人，也有正人君子。」杜言：「白天都是君子，夜裡都是小人。」

單講這天夜晚，素英等待兄嫂不歸，天將黎明，月華叩門進房換下濕衣，素英見兄未歸，就來問其原故。

第二場

孟氏嫂對妹妹

賢妹問原因故聽我言論　　為嫂的把經過說得你聽
嫂昨日回娘家去把親省　　回家來恰遇著大雨傾盆
高堂上無父母嫂有責任　　丟小姑在家中嫂不放心
為嫂的說不上賢良可敬　　姑嫂情好比似裙帶一根
半路中風雨驟難以退進　　幸遇著有一個君子涼亭
周身上被淋濕風吹寒冷　　進涼亭已經是天色黃昏
我正在整衣裙抬頭觀瞬　　突然間又來了一個後生
我本想出涼亭轉回家境　　風不停雨不住心急如焚
又怕他是歹徒行為不正　　為嫂的提心吊膽一夜受驚
在亭中一夜晚如坐監禁　　他不言我不語等待天明
幸喜得這書生堂堂正正　　多斯文是君子不是小人
未交言怎知道他的名姓　　比得上柳下惠仲連先生
帶得有包裹傘志誠秀俊　　天破曉風雨止他就出亭
為嫂的雖受驚但不要緊　　妹一人在家中盼望耽心

回詞

賢嫂嫂回娘家走了之後　　妹在家照門戶並無情由
獨一人坐堂前我把花繡　　過午後嫂不回心中發愁
忽來了一書生門前過路　　突然間昏倒在我家門樓
妹急忙攙扶他上前相救　　這公子是投親路過杭州
家住在金華府此人姓柳　　看年紀大約有十四五六
觀面貌非等閒眉清目秀　　到將來一定是朝中公侯
因家貧到梅塢來找親友　　借路費到京城去把名求

在我家飲薑湯告辭就走　　贈一把雨傘他帶往京都
妹本有惻隱心思前想後　　因嫂嫂不在家不便挽留
柳相公剛走了片刻時候　　兄回家不見嫂便問情由
說嫂嫂回娘家掃墓祭祖　　就匆忙去接你同轉門樓
嫂在那君子亭因雨阻隔　　與兄長一定是錯過路途
嫂子因周身衣被雨濕透　　受了寒故發燒休息安宿

　　素英剛出堂前，碰上王昌回家，就說嫂子受寒發燒，快去買藥去寒。素英進廚房燒好薑開水，王昌買藥回來叫妹妹煎完藥，就去洗衣，一看全是妻子的濕衣，就問你嫂子昨晚在哪裡過夜？「嫂子在君子亭躲雨一夜。」王昌聽了大驚，想起杜氏說的話，生疑地說：「她孤身一人，在半路涼亭過夜，豈不擔心害怕？」「也不是她一人還有一個書生。」「可知姓名年齡住址？」「又不和別人攀親戚。」王昌心中更有疙瘩。將藥包接過叫妹妹去洗衣！

　　孟氏聽得是丈夫的聲音，強支病體走出房來，對王昌說了昨夜的經過。幸虧後面來了一位君子，王昌聽得君子二字，耳邊響起杜氏的聲音，君子小人。強忍怒氣問道：「難道你們兩人一夜坐到天明，連話都冇有說一句？」「剛敲五更，那書生就走了。幸好沒有閒人碰見，不然就要多生是非。」王昌心想：「要得人不知，杜氏對我講得清楚得很，她還在哄騙我，你既有心負我，我就不能輕饒於你。」孟月華見丈夫面色不正，覺得奇怪，恩愛夫妻，久別相逢，我又有病，卻對我不冷不熱，正在疑惑時，王昌又問：「我送你的鳳釵呢？」素英就說：「天黑路滑，大概途中失落了。支持不住，回房去了。」

　　王昌見妻子神色有異，料是假話，更惱：「鳳釵送情人，不做貞節婦，我何必煎藥。」一怒之下，本想責問，又怕張揚丟臉，將她休回娘家，找不著白紙，用筆寫在藥單反面，詐言岳母昨夜得暴病，要妻回去

伺候，不知妻有病能不能去？月華聞信，心慌意亂，飲了素英燒的薑湯，出了一身汗，覺得輕鬆可以去。王昌道：「我急忙要去赴考，不能同去探望，要說的話，都寫在藥單上，你將藥帶去治病。」王昌等候妻子走了，收拾衣物路費，囑咐素英看家，並告知已將孟氏休了，赴京。

　　月華回到娘家，見了母親，暗自吃驚，說了原因，孟國章看出是休書，何氏追問女婿寫的麼話，見老伴吞吞吐吐，就要喊鄉鄰來看，國章極力阻擋，叫把月華喊來。

第三場

國章罵女

看休書不由我心中惱怒	罵一聲你這個不孝丫頭
賊了頭在婆家婦道不守	你完全忘記了我的教育
失婦道犯七曲還說沒有	既沒有為什麼要把你休
休書上寫的是一清二楚	你在那君子亭恬不知羞
鳳頭釵贈書生你不怕醜	你不怕把你的父母玷辱
諒女婿他不得無中生有	你不要東扯西拉蛇變猴
定是你在人家好吃懶做	再不然那就是偷生換熟
養你這賤丫頭出乖現醜	辜負了我二老撫養教育
女婿是讀書人不揚家醜	背地裡寫休書為你遮羞
這一陣氣得我揚起雙手	舉枴杖打你這無恥丫頭

回詞

抱家法跪堂前容兒細稟	老父親息雷霆請聽詳細
適才間兒好比五雷轟頂	爹莫信一面詞以假成真
兒從小蒙爹娘諄諄教訓	轉眼間讀詩書長大成人

十六歲到王家于歸合巹　　守婦道敬丈夫如客如賓
王郎夫常在外勤學發憤　　待小姑只當是一母所生
君子亭這橫禍聽我告稟　　三月三清明節回來祭墳
萬不料兒回家天不湊興　　半路中遇大雨進退不能
天黑沉雨傾盆狂風不止　　衣濕透才躲進君子涼亭
一書生在涼亭為人可敬　　多忠誠是一位君子正人
失落了鳳頭釵難以辨認　　並不是為兒的贈與書生
次早晨回家去發了寒病　　對王郎說實情他起疑心
暗地裡立休書疑兒不正　　這冤枉跳黃河難以洗清
恨王昌讀書人他不查證　　哪有個偷香女肯說真情
鳳釵為憑證是捕風捉影　　兒定要與王昌去把理評
卻然何不容兒去把他問　　不洗清這污名死不甘心
誣下去損失了門風祖訓　　是非明兒情願看破紅塵

　　國章聽了，才知是女婿不查虛實，疑心休妻，勸女兒忍耐，就在娘家居住，等候水落石出，獨生女兒何曾不愛。

　　再講素英聽說嫂子被休回娘家，哭了一陣送衣到孟家。國章攔門不許見，經何氏相勸，才讓進屋。素英對孟老也說了嫂嫂受冤，孟老聽了火冒三丈，一個讀書人蠻不講理，從此王孟兩家各不相干，以後再不要老來了，不讓他姑嫂說話，素英就哭起走了。

　　再講柳易生得會兩榜進士。王昌得了七十八名進士，一個做了杭州知府，一個為富陽縣令。二人少年得志，意氣相投，同來拜恩師禮部尚書申大人。在席上申大人的妻子岳氏夫人問起兩個門生的家世和婚事，王昌支吾說道：「學生已娶。」

　　柳言：「祖業凋零，家徒四壁，雙親早亡，尚未聘親。」

　　岳氏夫人聽了，收為義子，問他愛個怎樣的姑娘，就好托媒。他就

道出了杭州萍水相逢借傘的姑娘，孩兒能有今日，全仗那姑娘的深情厚誼。夫人聽義子相中了一個杭州姑娘，就問姑娘的姓名，可曾許婚？就把他問住了，都不知曉。

王昌忙說：「學生祖居杭州，請問這姑娘住在哪條街上？」柳言：「門前有條浣沙溪，兩旁栽著桃樹和李樹，青石門欄粉白壁，牆刻王寓有字跡。」王昌一聽，說的是他家，也不好說了，一時想推說。

岳氏夫人決定同義子到杭州上任，來訪這門親事。

王昌回家祭祖，素英就把喜訊來報與嫂子，今日恰好孟老不在家中，幸遇何氏讓她姑嫂一會。

第四場

孟月華對素英妹妹

素英妹你向我來報喜訊　　我已經不是你王家的人
想起我孟月華一條薄命　　這空喜倒教我對景觸情
你兄長如今是官居七品　　他已經休了我哪有回心
冤枉我全不念結髮情分　　只顧他寫休書並不查情
我與他再團聚已是泡影　　嫂打算找一個庵堂修行
你兄長他現在高了身分　　又何愁再娶房紅粉佳人
我和你永遠有姑嫂情分　　來報喜謝你的一番好意
妹妹的心腸好花容秀俊　　但願你嫁一個如意郎君
也是我與妹妹欠缺緣分　　妹出閣我不能為你妝新
說到此為嫂的別無他恨　　恨的是洗不白我的污名

回詞

賢嫂嫂莫流淚聽我勸講　　妹有番衷腸話請聽端詳

對兄長嫂嫂要寬宏大量　這挫折都只怪兄長荒唐
眾街坊都說嫂休得冤枉　全是兄心窄小信口雌黃
誰不知孟氏嫂賢淑嗦哝　是好人說不壞請莫悲傷
敬丈夫待小姑人人過獎　對街坊嫂總是熱心快腸
自從兄休了嫂朝思暮想　想嫂嫂對我的一些賢良
我定要為嫂嫂申這冤枉　嫂不回妹不嫁願進庵堂
除非是嫂與兄重聚羅帳　妹出閣非得要嫂子梳妝
為妹的回家去勸其兄長　廢休書接嫂回夫妻成雙
如不聽我就去衙門告狀　為嫂嫂申含冤狀告王昌

　　素英與嫂淚別回家，單講孟月華這天晚上想到萬念皆空，唯只入庵修行，對孤燈自嘆。

第五場

孟月華自嘆

對孤燈嘆紅顏一條薄命　我好比夜明珠墜落泥坑
又好比東昇月忽被雲隱　但不知什麼時風掃殘雲
每夜晚我都是淚水濕枕　思前情想後況含冤無申
辜負了二爹娘撫養教訓　可恨我不能報養育之恩
十六歲離父母於歸王姓　夫妻情如膠漆海誓山盟
恨王昌寫休書捕風捉影　誣陷我將鳳釵贈與情人
冤得我孟月華只想自盡　我若死那就要以假成真
好夫妻造成了兩下仇恨　但不知我這冤何日洗清
想到此我要把老天怨恨　一場雨拆散我夫妻二人
素英妹白日裡來報喜信　引起我萬念灰更加傷心

三更鼓響耳邊月沉夜靜	人歸房鳥歸巢野犬不鳴
我好比失群雁一般光景	唯獨我在房中對景傷心
在娘家久居住定遭議論	二爹娘不能夠養我一生
細思想我的苦一言難盡	倒不如進庵堂去學修行
素英妹說的話以作罷論	做尼姑去了卻我的一生
等天明稟父母主意已定	我走後嘆爹娘夕下無親
我的冤無處申人覺長恨	人言道黃河水尚有澄清
這一陣哭得我頭暈腦悶	昏沉沉哭乾淚滅熄殘燈

　　孟月華前思後想哭到四更方止。次日天明率告父母，再三苦勸留不住，何氏只好將女兒送紫云庵焚香，拜託老尼姑師父收她帶髮修行，考驗堅貞不移，以後再剃髮。母女揮淚而別。

　　再講柳易生同恩母到杭州接了任，料理家事，岳氏夫人催他來訪親，好的雨傘還在，這天微服還傘，走到君子亭與素英不約而會。恰遇素英到孟家報信路過君子亭，柳知府是察訪民情，代為還傘至此，想起當日在此躲雨，故進君子亭，坐在石墩上，素英走進亭就認得是柳易生，就問：「柳相公為何在此？」答曰：「我是還傘的。」

第六場

柳易生對小姐

柳易生我本是踵府還傘	與小姐涼亭會皆是有緣
借雨傘好比是雪裡送炭	別小姐恰遇著風雨偶然
走到那荒郊地天低雲暗	天色晚風雨大進退兩難
一陣風吹得來跌破雨傘	幸喜有君子亭可避風寒
走進那君子亭四下觀看	見亭內有一位躲雨嬋娟

我雖是瓜田下避雨一晚　　她不言我不語兩不相干
我就在那亭簷站立一晚　　就只有她與我再無其三
豈不聞柳下惠坐懷不亂　　賢小姐背後沉音生疑團
五更天我出亭忙把路趕　　去到那梅家塢告借盤纏
赴京考報名冊進了貢院　　會進士封我為杭州府官
這把傘雖然是已經破爛　　我應該守諾言原物交還
一來是感謝那薑湯一碗　　二來是訪小姐你的姻緣

回詞

柳相公還傘來本是些藉口　　一句話問得我有些害羞
做了官不嫌棄雨傘破舊　　這裡面只得有足智多謀
問終身至如今未把聘受　　我名叫王素英痴長十六
只要是不嫌忌願奉箕箒　　王素英只許婚不拜花燭
我這是有言在先話說清楚　　原因是嫂含冤被兄所休
冤出在君子亭鳳釵失手　　日期是三月三起的禍由
柳相公既在亭不能袖手　　那就要與我的嫂嫂分憂
我可以到府衙申冤控訴　　告兄長王昌他錯把妻休
嫂被休我與他打過了賭　　嫂不回我不嫁言在當初
男大婚女大嫁此話本有　　與嫂嫂申了冤然後花燭
我只能到衙門去把冤訴　　成婚日要嫂嫂插花梳頭
提起你飲薑湯燙了唇口　　總把你惦記在我的心頭
對相公說不上情高誼厚　　這把傘做月老赤繩繫足
那我就不回家隨同一路　　要成全兄與嫂順水推舟

　　一同來到衙門，拜見恩母，岳氏夫人見了大喜而言：「遠看一朵花，近看一朵花，這樣的姑娘難怪我兒喜歡她。」滿堂大笑。恰逢王昌

也來府衙，見了此情，就來了順水推舟，夫人主持籌辦喜事，打掃華堂，素英不肯梳妝拜堂，夫人勸，笙樂吹，丫環牽她不動。她卻高呼冤枉，狀告王昌疑心休妻。

最後柳易生吩咐擺設式開印審案，帶被告王昌。

第七場

王昌上堂

既有人告了我過堂審案　　　　問大人是誰到臺前申冤
我王昌敢說是身無過犯　　　　論王法豈能容百姓告官
王素英來告我量他不敢　　　　休妻子這乃是我的夫權
自古道家務事清官難斷　　　　我不能無故地使她含冤
我休妻內中有原因一段　　　　老話說這家醜不可外傳
私事不是官司勸你少管　　　　又何必不原諒追根求源
府大人既然要秉公而斷　　　　有時間有地點鐵證如山
君子亭月下會整整一晚　　　　會情的時間是三月初三
天明亮回家去假裝病患　　　　鳳頭釵贈情人一點不冤
問旁證有杜氏親眼所看　　　　對我講說得是毛骨悚然
如不信就請把杜氏傳喚　　　　他在那君子亭擺設酒攤
這一案求青天據理推斷　　　　兩證俱全我休她何謂含冤

回詞

叫一聲眾衙役下堂迴避　　　　弟有言勸年兄不可執迷
請兄長恕小弟言語冒昧　　　　休妻子本是你缺少思維
這是你生殺予奪栽贓定罪　　　　賊拿賊奸捉雙姦夫是誰
孟氏嫂守婦道嘮唠賢惠　　　　切莫聽旁外人顛倒是非

若要問我怎麼知道情況　　好像是在那裡會過一回
是誤會並不是月下私會　　會情人這是你亂定是非
是因為避風雨兩下相會　　苦追究兄可知書生是誰
說到此那我就真言不諱　　我幫你改疙瘩猜破啞謎
那一晚是我在君子亭內　　並未有與嫂嫂胡作非為
所說的全是實並無虛偽　　說敬佩是兄長把我恭維
讀書人心窄小造成誤會　　這損失就看兄如何彌補
錯休妻你應該負荊請罪　　要當面廢休書把她接回
我馬上傳杜氏來把證對　　對了證才知道誰是誰非

　　傳來杜氏，供出沙一，又傳沙一到，他在公堂上將三月三夜晚在君子亭的經過都從實供出，責板子，放他出衙，改邪歸正，以觀後效。

　　杜氏當堂退出鳳頭釵，歸還王昌，說了些畫蛇添足、節外生枝的話，被罰掌嘴出衙。

　　岳氏夫人聽說鳳釵被小偷所盜，案情真相大白就來勸素英拜堂，她依然要嫂嫂梳妝。夫人就來埋怨王昌，不該聽別人的流言蜚語，催他趕快接回孟氏。王昌懊悔不及，只好到孟家來接妻子。孟國章一見火冒三丈，何氏見女婿做了官，又回心轉意，就想成全，對王昌說月華到紫云庵出了家，並且今天要下髮。王昌聽了如雷轟頂，匆匆趕來見老師傅，請求轉告一見。

　　月華卻拒不相見，王昌幾乎要暈倒，再三要求一會兒，老師傅轉告了孟月華，只允他在禪房外言語。

第八場

王昌對妻

跪塵埃對賢妻我有話講　　卻然何不見我緊閉禪房
悔當初把賢妻背了冤枉　　我是來負荊請罪到禪房
望娘子原諒我不咎既往　　抱了屈受了怨妻莫悲傷
都只怪我無有容人之量　　生疑忌休賢妻罪在王昌
君子亭遇杜氏她對我講　　說夜晚一男一女如此短長
回家來問賢妻話語一樣　　君子亭果然有此事一樁
又見你失鳳釵胡思亂想　　藥單上立休書令你不防
休了妻赴京考名登金榜　　任我為富陽縣七品正堂
回家來素英妹告我的狀　　杭州衙柳知府傳我過堂
查出了鳳頭釵它的去向　　君子亭窗後有小偷隱藏
亭內的那書生就是妹丈　　現在是杭州府四品皇堂
改疑團望賢妻高抬貴膀　　是岳母指引到紫云庵堂
我是來接娘子同把住上　　我和你偕老白頭地久天長
妻不允那我就長跪地上　　跪的是我的妻節烈賢良

回詞

孟月華坐禪房思前想後　　滿腹苦向誰說氣破咽喉
我自幼在娘家閨門謹守　　做女工總是聽爹娘教育
成了人到婆家勤扒苦做　　敬丈夫待小姑情同骨肉
說到此孟月華越想越惱　　為什麼要把我當作下流
清明夜被雨隔無中生有　　我問你卻為何要把妻休
大是非怎能說既往不咎　　男子名女子節臭名千秋
我的爹見休書跌腳舞手　　舉家法罵我把門戶玷辱

含冤屈我本想尋個短路　　老娘親相勸我來把禪修
若要想我與你反覆成就　　除非是日西出水往倒流
況且我已成了殘花敗柳　　你如今做了官不怕玷辱
塵世上美佳人到處都有　　窈窕女須等待君子好逑
孟月華已經把紅塵看透　　一心念阿彌陀佛到白頭
請相公回家去另擇佳偶　　我已經是尼姑清規戒俗
若想我開禪房萬不能夠　　你是你我是我從此罷休

　　王昌見她久不開門，又愧又悔，回到杭州衙門，說了情況。
　　柳易生命人將青紗大轎抬到紫云庵，來會了師傅，設了清靜禪房，說有香客要會。

第九場

柳易生對月華

問師傅是何時修行進廟　　半路中學修行所為哪條
原來是被丈夫無辜休了　　無緣無故為什麼半路拖橋
是不是對堂上公婆不孝　　既不是卻為何馬不同槽
大約是夫妻間感情不好　　能不能把休書讓我觀瞧
蒲公英和防風還有甘草　　這都是發汗藥除寒退燒
將藥方當休書令人可笑　　看反面因犯有七曲之條
君子亭贈鳳釵我記起來了　　就是我在亭內站立一宵
那亭後藏得有一個強盜　　被拘拿杭州府已把供招
盜去的鳳頭釵完璧歸趙　　說到此還有話請聽根苗
我名叫柳易生有言相告　　與素英訂良緣未把杯交
到杭州初上任來接舅嫂　　不看僧面看佛面貴手抬高

嫂不回素英不嫁如何是好　　不是嫂去梳妝不度良宵
小兄弟備得有青紗大轎　　一路上放鞭炮鼓樂笙簫
將嫂嫂接到府衙熱熱鬧鬧　　方顯得嫂嫂的美名永標
回家去與舅兄重新合好　　破鏡重圓夫婦和如漆似膠

回詞

賢兄弟一番話把人心照暖　　孟月華回也難不回也難
回得來出了家易復易還　　若不回妹不嫁拆散姻緣
提起那王昌來令人恨怨　　誣賴我敗名聲落進尼庵
我在這紫云庵每日早晚　　焚香燭唸經卷要跪蒲團
學修行很清閒我很習慣　　伴孤燈敲木魚一日兩餐
煩兄弟來接我苦口想勸　　是怎麼驚動了這知府官
我今生冇準備心回轉意　　恨王昌做的事傷了心肝
孟月華我這是一看幾看　　驚動了兄弟來面面相覷
勞煩你打轎來這都不敢　　成全我回家去破鏡重圓
既如此嫂同你一路回轉　　待我去稟師傅告辭出庵

老師傅大慈大悲為懷，送她出庵，轎上搭紅綢放鞭，接到杭州衙來。素英早就派人將孟老夫人接來，轎子一到，岳氏夫人和素英忙來迎接。

王昌看了妹丈的眼色，跪在孟氏面前，當眾負荊請罪。兩雙喜事一回辦。兩對夫妻拜花堂。喜事已畢，王昌帶妻回家。

忘恩報

熊乃國

　　清朝道光年間湖北省漢陽縣南門外陶家灣陶懷左家貧，父母早亡，妻子馬氏愛打扮，走路一走三扭，招蜂引蝶。

　　懷左也不務正業，妻子的花銷又大，他只有做強盜，白天到處探路，夜晚就去偷。他夫妻過了十二年，妻子馬姣英先後生了兩個兒子，來喜七歲，連喜五歲。二子長得都不像陶懷左，管他的娘，不怕雜種，只怕絕種。

　　單說懷左一天夜晚偷一個大戶被捉，打得遍體是傷，一走一跛回家說了情況，馬氏埋怨沒得用，他睡在床上傷勢逐漸沉重，自知不能久在人世，晚間囑妻。

第一場

陶懷左對妻

為夫的我心中思前想後	看看的死期到望水流舟
傷勢重每日裡都把血吐	周身疼像雞啄如刀割肉
曾恐怕我與你就要分手	因此上喊你來有話叮囑
十八歲接你來花燭之後	緊接著父母死樂中生憂
花費了這幾筆婚喪用度	從此後家裡就無有積蓄
家不寬夫妻們時常講口	人到了廊簷下只好低頭
逼得我無法想走了岔路	因飢寒起盜心才做小偷
貧窮人只能夠寧添一斗	生兩個小孩子雖喜又憂

愁的是增負擔一家四口　　伢們多往後走衣食不足
這一回我是想下一惡手　　訪了個大戶家去把銀偷
挖進去就拿了箱子一口　　已經是三更後我就開溜
恰遇著一管家起來解手　　發現了捉住我喊動家奴
眾惡奴都拿著棍棒在手　　吊起來打得我皮破血流
任憑他拳打足踢鮮血直吐　　疼得我喊饒命不肯罷休
驚動了老主人才放我走　　傷受重看起來死在臨頭
雖有苦對外人說不出口　　只能怪我自已無智無謀
我死後要望妻耐煩苦守　　委託你將二子撫養教育
叫他們切莫走我這條路　　說到此痛傷情緊了咽喉

馬姣英回詞

看起來你這是背時倒運　　你這人一輩子不能翻身
做別的那你又沒得本領　　你在說我在聽莫怪別人
你這人生成是個雞扒命　　想一鍬挖個井怎麼能行
挨了打也只能怪你挨笨　　吃麩子閉了口說不出唇
又想起我的這八字命運　　是怎麼擱到了你這男人
我鑽進這破廟就受貧困　　哪個人又不想富貴華榮
有時候想買點胭脂水粉　　你從來沒有把一分半文
男人有勢婆娘有志這是一定　　冬瓜長毛茄子長刺人之常云
跟著你我真是頭矮三寸　　我哭得幾十場命不如人
生下這兩個伢虧我撫引　　在月裡你沒有服侍殷勤
想點糖沖蛋花難把口進　　魚和肉沒看到四兩半斤
表面上你是在百依百順　　卻沒有心疼我體貼人心
我真是對於你一言難盡　　說多了我又怕喪失感情
假若是你一旦閉了眼睛　　丟下我母子們如何生存

一棵草本來有露水滋潤	唯只有掉頭望撫子成人
你還是放寬心安神養病	說不定閻王爺對你留情

　　過了三日陶懷左就死了，馬氏也只能草草安埋了。把兩畝田也賣了，過了大半年，馬姣英又懷有身孕，丈夫死了沒得擋箭牌，只有找人。把八歲的來喜丟棄不管，帶著小兒連喜走了。

　　單說來喜沿門乞討破窯古廟棲身。臘月二十四日討到一個大戶門前被狗咬得鮮血淋淋，就地直滾，哭叫不停。恰遇一過路的教書先生，施了惻隱將他帶回叫娘子用酒洗傷口，又用熱飯滾，包紮好，吃了飯就問：

第二場

陶來喜對先生

老先生問來歷淚往下滾	一張紙寫不盡我的苦情
我名叫陶來喜八歲將近	家住在陶家灣漢陽南門
從祖輩無產業極為貧困	父親死丟下我母子三人
馬氏母帶兄弟改嫁出姓	單丟下我一人孤苦伶仃
雖長得有八歲學門未進	度日食都很難哪有學金
問到此就可嘆我的命運	書沒讀婚沒定舉目無親
眼望著滿室淒涼柴完米盡	就只有求乞討叫化沿門
白日裡走村莊哀求憐憫	土地廟和寒窯宿夜棲身
雖然有父母生無人照應	可憐我好比似浪裡浮萍
今日裡被狗咬疼痛難忍	蒙先生施惻隱帶回府庭
又為我包傷口賞飯一頓	陶來喜我只能磕頭謝恩
雖有家難生存以作罷論	只能夠浪跡天涯虛度光陰

並不是我說話心灰意冷　　我這人從哪裡還有前程
老先生收留我有何不肯　　也是我有緣分遇著恩人
只要我讀詩書稍有寸進　　到後來我沒齒不忘大恩

　　這位先生叫薛本義，家住夏口縣（就是現在的漢口）薛家灣，娘子梁氏，夫妻年過四旬，膝下一男一女，兒子子濤媳婦趙玉蓮，女兒已嫁。薛先生收留了來喜，還認他做了義子。把年過了，在附近邀了一堂館，從此來喜就發憤讀書，取學名立本，意思是立志報本。讀書還可以，因未受教育，動機不純，手腳不乾淨，先生並未發覺，用心栽培。

　　斗轉星移，陶立本十六歲了，把先生哄得團團轉，師娘作媒將舅姪女梁秀英許與了他，先生見他文章可取，把他視如親生，這天晚上把立本喊到書房敘話。

第三場

先生對立本

喊立本進房來同把茶品　　我有些心裡話對你說明
自那年辭學東轉回原郡　　在途中遇著你乞討沿門
我見你被狗咬起了惻隱　　故所以才將你帶回家庭
我是個窮秀才安守本分　　以教學為本業度這光陰
說不上疏財仗義大名鼎鼎　　只喜於講實際誠懇對人
在我家來了這八年光景　　對於你照應不周只因家貧
我愛你讀詩書勤學發憤　　到將來一定能高中頭名
故將你收義子改名立本　　我又將內姪女許你為婚
取此名是想你立志報本　　抱根本切不可得意忘形
對於人一定要忠實誠懇　　要做到高風亮節肝膽照人

說假言是可以把人哄信　　老話說事久後要見人心
交朋友結知己要取於信　　不能夠占便宜利己損人
朋友的衣可以穿名正言順　朋友妻不能占俗話所云
讀詩書學聖賢堂堂正正　　一定要做君子不做小人
耍手段用巧言陰謀挑釁　　到頭來識破了不值半文
這句話如醫生下藥對症　　我把你當親生苦口婆心
好比似勸世文把人提醒　　塵世上總有人不憑良心
並不是指著你休生疑性　　也不是我怕你負義忘恩

立本回詞

起身來對恩父一禮奉上　　跪書房拜先生這是應當
先生的教導言有斤有兩　　對於我確實是語重心長
我應該驚回首掉頭一望　　有一番感謝言細說衷腸
想當年父親死苦不堪講　　天要下雨娘要嫁人只好隨娘
丟下我剛八歲在外流浪　　討飯吃穿一身破爛衣裳
蒙恩父施惻隱救到府上　　我立本猶如是落了天堂
八年的穿與吃將我培養　　常教我立志向苦坐寒窗
把我當親骨肉兒子一樣　　這恩德比天高決不相忘
又與我定親事花費銀兩　　常教我學君子正正堂堂
我若有得意日高中皇榜　　決不得做朽木糞土之牆
我一定做清官萬民尊仰　　與百姓申含冤除暴安良
果能夠那我就奏明皇上　　與二老請誥封報答恩光
把妻子接得來尊敬長上　　兒可以指天劃日頭有上蒼
況二老對待兒恩高義廣　　我若做忘恩輩豈有天良
望雙親多保重請把心放　　決不做千古罪人罵名遠颺

各自安宿。立本又讀了一年，到了十七歲，朝開恩比，先生想叫立本趕考，無有路費，只有叫娘子去娘家告借。梁氏不幸將借的銀子十兩失落了，回家夫妻吵鬧，立本以為是打內行架，表面上勸二老不吵。次日先生去向學東支錢去了。立本一想這是演的合手戲，我不如早走好，不免對師娘敷衍一番，就喊恩母。

第四場

立本對恩母

上前來兒首先躬身一禮　　　　我然後對恩母再把話題
想當年我乃是苦至極矣　　　　蒙恩父收在家廣把德積
二雙親真可算疏財仗義　　　　讀詩書添麻煩吃飯穿衣
這九年對我是過情過意　　　　我應該報恩典深深感激
昨日裡與學友相約計議　　　　約定了一同走時間緊急
我這暫辭恩母要把程起　　　　只因為同學們催得太急
不能夠等恩父回到家裡　　　　望師母諒解我切莫生疑
好容易望一個朝開恩比　　　　去遲了曾恐怕誤了考期
陶立本決不得忘恩負義　　　　不放心跪塵埃願把誓立
我若是昧良心上有天理　　　　我若是忘了恩身遭雷劈
怎能夠怪恩母話說哪裡　　　　我何曾不知先生家無餘積
無盤費可以找學友周濟　　　　再不然我可以沿途求乞
恩父回請轉告我的心意　　　　栽培我這些年勞心勞力
兒走後望二老保重福體　　　　到老來享天倫壽活期頤
只等我得高中回到家裡　　　　對二老敬孝道扇枕溫席

立本走了，前腳一走，薛本義後腳就回了。問明，忙叫娘子辦了酒

菜清了半新衣帽，頭上取下金釵，趕到恩義亭，只見立本雙手捧頭獨坐石凳。

第五場

薛本義對立本

為趕你累得我汗流氣喘	因對你有話說故此趕來
這是我專為你辦的酒菜	來與你作餞行聊表心懷
立本兒在寒舍已經九載	坐寒窗習讀書望你成才
家雖貧並把你沒有看外	只當是我二老十月少懷
兒赴考你恩母去求借貸	只怪她失謹慎大意不該
我又去找學東苦苦耐耐	借到了八百錢轉回家來
師娘說你已走迫不及待	我特意趕到這恩義亭來
實在是難設法兒要諒解	幾件衣八百錢一支金釵
這金釵你收下拿去當賣	一路上要節省做好安排
願望你高得中名揚四海	到那時不知兒來是不來

立本回詞

跪亭中兒應該先把罪請	未當面辭恩父罪在負荊
與學友相約了不能久等	曾恐怕失了約耽誤別人
恩父的愛子情心思難盡	趕到這恩義亭與我餞行
又借來路費錢衣釵相贈	這都是來之不易恩比海深
假若是沾天恩得了僥倖	我一定回家來報答雙親
老恩父切不要將疑將信	況且我與表妹栽有情根
決不得貪富貴忘卻根本	即或是做了官也不變心
舉頭三尺有神明言而有信	並不是甜言蜜語假意虛情

要說的都說了言無不盡　　耳聽得亭外有笑語歡聲
請恩父收撿好轉回家境　　原來是亭外有學友來臨

　　不言先生回家，單講立本與眾人走了兩天，八百錢花完，賣釵（包金）賣了一吊二百錢又花完，告借都沒得多的，只好一人破廟宿夜，心想：假釵、借銀打內行架說失了，先生對我是假情假意，就懷恨在心。討口到京城把舊衣賣了住店。考期到入場中了七十名進士，放了江南黃池縣七品正堂，走馬上任。勾結豪紳，貪贓枉法，不久就有人為媒娶了祁拿貴財主之女祁明珠，還花天酒地，占人有夫之妻，營私舞弊，一天有個後生擊鼓。

第六場

付子川上堂

小民人闖衙門並非大膽　　擊堂鼓為的是告狀申冤
跪公堂我要求大人明斷　　告的是祁少奎霸道逞蠻
我住在付家莊離城不遠　　小草民我姓付號叫子川
無故的告謊狀小民不敢　　清明節我夫妻祭掃墳園
遇著了祁少奎沒得官管　　帶惡奴騎馬上踏青遊玩
仗著他有勢力家財萬貫　　強搶了我的妻秦氏淑娟
並不是誣告他請求公斷　　現場上有旁觀鐵證如山
老爺說五百銀要我結案　　若想我合官司難上加難
搶人的有夫妻你不法辦　　助惡人欺良善於理不端
大老爺枉讀了詩書萬卷　　你這人怎能做七品縣官
冤不申還打我二十大板　　明明是與惡賊做了靠山
這世道為什麼這樣黑暗　　還說我污辱了朝廷命官

将原告打被告心如黑炭　　　这都是官不清百姓遭冤

吩咐押监。（因为祁少奎是舅弟）定成诬告。单讲付子川之妻秦淑娟被抢进祁少奎家中，忍辱为妾，只不过十几天，贼酒醉回房时至二更，淑娟杀了贼子，自己悬绳同归於尽了。次日发觉只得埋了二屍。黄池县知道了此事，放了付子川。可怜付子川妻子死了，母亲年老家又贫，欲告无门按下。

事隔两年，薛本义先生望立本人信不归，在这年家乡遭了水灾，民不聊生，学馆也散了，就出外游学。游到江南闻人言：黄池知县乃陶立本，就去会他。衙役禀老爷：有薛本义求见。传话出去：首先门房侍茶，茶毕，羁押房相见。薛先生饮了茶，衙役将他带到羁押房，说老爷公务繁忙，这有酒菜，请先生受用。先生独自坐下抬头看见墙上题有诗：

陶花一朵本天生　　　岂是他人栽培成
任尔薛花飞满池　　　江南地暖不留停

薛先生见这诗中有两个白字，「陶」与「薛」应该是「桃」与「雪」才对，又仔细一想，哎呀，这不是白字，这陶是指他立本，这薛是指我。大怒，掀了桌子，迈步而去。先生走了，衙役禀明大人，陶大人喊来都头黄本超附了耳语不表。单说薛先生走了两天，路过森林无有人烟，只听后面喊是不是薛先生？看刀！

第七場

薛本義擋刀

跪塵埃駭得我心驚膽跳　　　卻為何要殺我手舉鋼刀

刀不殺無罪人你可知曉
是誰人叫你來橫行霸道
黃池縣指派你把我殺掉
殺了我你無非圖筆賞號
他定要殺你滅口把你除掉
陶立本對我是恩將仇報
他從小是孤兒沿門乞討
遇恩比安置他進京赴考
指望他做了官要把恩報
找到他衙門來面都不照
題詩詞諷刺我令人可惱
氣得我就把那桌子掀了
他這種忘恩輩欺心滅道
勸好漢棄暗投明心存正道

一無仇二無怨所為哪條
把實話說出來才算英豪
那我就勸英豪放下屠刀
到頭來你也要死無下稍
請好漢莫莽撞思考為高
若要問詳細情請聽根苗
收留他如親生九年花銷
做了官把恩情一筆勾銷
從湖北到江南千里迢迢
羈押房擺酒席覺得蹊蹺
明明是趕我走自恃才高
故所以他就向英豪借刀
做這種虧心事哪有下稍
若能夠放我走恩比天高

黃本超回詞

老先生把情況說了之後
我名叫黃本超家住湖口
賞紋銀一百兩說得清楚
叫我在無人處狠心下手
我匆忙趕到這山林路口
聽先生把他的前情告訴
老先生提醒我壞事莫做
我一定放先生平安上路
不嫌棄與先生交個朋友
老先生請收下何愧之有

才知是恩不報反以成仇
在縣衙當都頭有勇無謀
說先生與他有殺父之仇
一定要見人頭再三叮囑
不知是昧良心用的陰謀
看起來陶立本心比蛇毒
我一定不辜負良言叮囑
受了驚諒解我一時糊塗
百兩銀轉贈與先生納收
這筆銀我本超不能貪圖

見夕陽已西下先生快走　　我回衙無人頭請莫擔憂

　　謝了不殺之恩，告別下山趕路。想到一位義士可惜沒投個好主，先生趕路回家不表。

　　單講黃都頭回衙交差，在路上將自己腿上割了一刀，血糊刀上，然後回衙對大人說了不能帶人頭，狗官見刀上有血，也釋了疑，賜酒加賞這且不表。

　　再講薛本義先生歸心似箭，這一日，梁氏見夫回，連忙就問。

第八場

薛本義對妻

娘子妻問離情一言難盡　　差一點丟了命魂轉故村
並不是在外面染下重病　　怪為夫我不該養虎傷人
遊學到江南地得一喜信　　陶立本在黃池轄管萬民
我到他衙門去一股大勁　　沒算到那奴才不憑良心
一衙役問了我就去通稟　　回覆我公務忙不能抽身
不見面命手下將我請進　　羈押房擺酒席自飲自斟
見牆上有詩詞我就觀瞬　　意思是叫我走不可久停
得榮華是全憑他的天分　　並不是得虧我栽培成名
我怒從心頭起掀了桌凳　　一氣下出衙門忙趕路程
他命人追殺我哀求饒命　　不殺我反贈我百兩紋銀
那英豪黃本超心腸直耿　　義氣高衝天日月可貫乾坤
我也是想不通其中藏隱　　並沒有做對不起他的事情
只怪我沒看出他的本性　　恩不報反殺我昧了良心
到將來定要遭五雷轟頂　　讓雀鳥啄他的那顆黑心

梁氏回詞

聞夫言不由人氣破喉嚨　　　罵一聲陶立本沒得天良
我夫妻施惻隱把你撫養　　　不是我焉能做七品正堂
黑良心你不怕天在頭上　　　難道說你不怕過江落江
忘恩賊你不想子孫發旺　　　只顧你膽大妄為不問天良
只要是我還能活在世上　　　要親眼望著你報應昭彰
若要問你走後家裡情況　　　一家人可算是熬過了饑荒
地方官將災情奏明皇上　　　撥庫銀到夏口賑饑放糧
眾災民都是沾皇恩浩蕩　　　戶戶有錢和米度這災荒
自從你去遊學朝朝懸望　　　擔心夫在外面歷盡風霜
黃本超這英豪令人尊仰　　　誠好心到後來必有榮昌
陶立本得人恩不知報償　　　一定要斷子絕孫無好下場
望菩薩挖他的心肝五臟　　　我日夜都要燒他的咒香
咒得他顯了報我才舒暢　　　還我的來生賬變豬變羊

過了幾天，媳婦趙玉蓮生了一雙胎兒子，過了滿月取名培恩、培德。

次年，朝中又開恩比，薛本義本不想為官的，因受了陶立本的欺負，今年五十四歲，商量妻子打點進京求名，收拾起程。不日到京點翰林，封巡案御史，賜尚方寶劍，奉旨巡察江南，查辦貪官污吏，那天查到江南黃池，沿途斷清疑案，糾正錯案，為民申冤，除暴安良，殺貪官樹清風，清如三江水，明似萬盞燈。

在黃池縣找了個寺院清風寺，方丈清風和尚迎接巡案大人在文殊院打了公館，招待了素齋。次日，命保正放告鳴金告貪官污吏，第一個告狀的就是付子川，狀告縣令陶立本，罪惡纍纍，巡案准狀。只有幾天的時間，告陶縣令的狀紙如雪片飛來，薛老大人一一受理。定了日期，在

清風寺開審，允許旁觀。早就吩咐將犯人拿到關進寺內，巡案大人升座
吆喝一聲，帶犯人上堂！

第九場

陶立本上堂

（你是陶立本嗎）

我本是黃池縣令陶立本　　　卑職我跪塵埃叩見大人
問民情管轄內都很安定　　　無刁民無盜竊百姓善淳
自從我來到這黃池接任　　　托皇恩民安泰五穀豐登
並未見有惡紳欺壓百姓　　　也沒得告狀人來把冤申
從來沒壓官司草菅人命　　　一向是守王法勤政愛民
察貪官和污吏要有憑證　　　不能夠憑口說強加罪名
付子川告過狀這我承認　　　祁少奎他乃是我的內親
秦淑娟殺少奎尋了自盡　　　我釋放他子川出了衙門
他二人俱已死死無對證　　　這何為不公平埋冤不申
陶立本我乃是小小七品　　　我不敢抬起頭觀看大人
恕了罪容卑職抬頭觀瞬　　　然來是老恩父大駕光臨
一句話問得我愧疚得很　　　看來是冤家路窄不說不行
赴考時因小節故此懷恨　　　舊衣帽八百錢假釵一根
羈押房題詩詞忘恩不認　　　免後患派都頭趕殺先生
我從小失掉了父母教訓　　　說假話占便宜蒂固根深
扇陰風點鬼火說了不認　　　常常是用冷箭背後傷人
哪怕是交朋友割頭換頸　　　見他的妻子美我就起心
貪贓枉法壓官司草菅人命　　見金錢那我就黑了良心
對先生恩將仇報罪加一等　　陶立本我做了千古罪人

犯的罪對大人俱已招認　　　畫了押求恩父筆下留情

按你的罪該斬，本院法外從寬，判你發配滿州充軍三十年，吩咐帶下去，穿上罪衣披枷戴鎖派二差押解。次日巡案大人到縣衙將他妻祁明珠判官賣償還陶立本所欠的孽債。將都頭黃本超收為義子，在身邊重用回京俱奏。黃池縣派新官接任，賜五百銀付子川娶妻養母。

巡案大人由京回夏口縣，闔家歡喜。五十四歲發跡，祭了祖之後，將內侄女梁秀英許與黃本超擇日成親。然後帶著家小收黃本超為家將，一齊來到京中御史公館住下。次日上朝復旨。封薛本義為監察御史，梁氏為誥命一品夫人，子孫發達。黃本超為護國將軍，梁秀英為夫人，得了美報。

書中交代：陶立本在充軍的路上被雷劈死，心肝五臟被鴉雀啄了，落了個可恥的下場。

淚灑姑蘇

熊乃國

　　明朝武宗正德年間一位大臣張子才刑部尚書，忠心撫保社稷，乃江南蘇州人，夫人李氏賢淑良善，一子名叫青雲，秀才，十六歲，儀表非凡尚未定親，不料夫人得病，醫治無效，竟歸大夢。張大人悲痛萬分，裝殮後想劉瑾得寵，只有辭官歸故，準備回到姑蘇，安葬了夫人，兒子青雲披麻戴孝，安葬了以後守孝，不久兒子青雲要到杭州訪師求學，二則看望姑母，張大人命備酒。

第一場

張子才與子餞行

父子們在席前同把酒飲　　　　青雲兒聽為父把你叮嚀
為父的保大明忠心耿耿　　　　蒙皇恩封一品刑部大官
做清官首先要愛護百姓　　　　我乃是秉公執法盡職盡心
想當年無兒女朝夕憂悶　　　　三十六歲望到你一顆天星
我二老就把你精心撫引　　　　當一顆掌上明珠望你成人
幸喜兒讀詩書勤學發憤　　　　初出考就中了秀才功名
萬不料兒的娘偶染重病　　　　久醫治病無效病不回春
在病中囑咐我許多言論　　　　看看的回天無力死在京城
因劉瑾得到了天子寵信　　　　奏假本害死了多少忠官
為父的倒不如早些退隱　　　　因此上具本章告職歸林
將靈柩搬回了蘇州原郡　　　　守田園一心心望子成名

到杭州去訪師力求上進　　學海無涯苦作舟謹記在心
寶劍鋒從磨礪出就要發憤　　梅花香自苦寒來才有前程
首先到姑母家去把安問　　要問候老姑母福壽康寧
官家後一定要堂堂正正　　切不可花前月下私定婚姻
婚姻要媒妁言父母之命　　一定要明婚正娶正大光明
三兩月回一次蘇州原郡　　就免得為父的在家擔心

青雲回詞

為兒的在席前大禮參拜　　教訓言兒一定謹記心懷
兒這次別父親求學出外　　去杭州三門街苦坐書齋
兒本是書香子官家後代　　那裡的學門外廣出人才
只要是在那裡攻讀幾載　　到將來就可以位列三臺
為兒的我一定學而不憚　　一心想做一個棟梁之材
不能夠侍奉爹父親諒解　　為兒的我也是為了將來
到將來若能夠揚名四海　　也不枉我的爹望子成才
兒去後請父親不必掛念　　婚姻事由父親做主安排
為兒的絕不得出外由外　　逢節日看父親我就回來
老娘親丟父子去世不在　　從此後爹要把悲傷丟開
願父親樂清平福如東海　　切莫把為兒的掛在心懷
在堂前辭父親一禮奉拜　　兒身邊有張福請莫掛懷

　　張青雲與書僮張福來到杭州三門街，訪到了一個家門，張古文先生館中讀書按下。

　　單講杭州所轄餘杭縣令王成，清正愛民，早已失偶，膝下一女莉娟，十六歲未許，才貌兼全與丫環小玲情同姊妹。

　　且說餘杭地方先一年久旱不雨，王縣令下鄉訪察百姓困境去了。

時值春暖花開，景色如畫，莉娟小姐同丫環小玲下了樓，來花園觀花撫琴。

恰逢一年輕書生帶一書僮從花園路過聽琴音，撫的是（魚戲水、蝶戀花），見園門未關，就進花園討茶，走進花亭對小姐施禮，王小姐見其儀表非凡，忙令小玲去取茶，就問公子的來歷。

第二場

張青雲對小姐

賢小姐問來歷聽我告訴	我首先奉一禮細說從頭
我不是住杭州附近左右	小生名張青雲家住蘇州
老父親在朝中曾把官做	封刑部尚書職高官厚祿
一家人在京城榮華享受	遭不幸李氏母死在京都
一則要把靈柩搬回故土	二則是朝廷裡出了奸謀
我父親故所以辭官不做	帶家小把靈柩搬回蘇州
回原郡將母親安葬下土	就日夜在靈堂守孝丁憂
若稱為一孝子我還不夠	為人子須當報父母養育
我雖是一秀才難把官做	領父命到杭州來把書讀
問婚姻尚未有擇配佳偶	張青雲我今年足滿十六
上無兄下無弟姐妹無有	僅只有我一子接起香爐
今乃是清明節掃墓祭祖	先生放館我因此出來春遊
果然是好風光山清水秀	耳聽得琴聲悠揚故此逗留
進花園我是想討茶一口	賢小姐奉香茗為人賢淑
與小姐萍水逢情高誼厚	對小生真乃是情到理周
問小姐年庚幾何可把聘受	窈窕女須等待君子好逑

小姐回詞

與相公是初逢照說不敢　　既是問那我就把話說穿
老父親名王成母親姓范　　父親是餘杭縣七品縣官
二爹娘俱都是為人良善　　只有我一個薄命名叫莉娟
遭不幸我的娘早把命短　　丟下我父女們一哀一鰥
老父親私訪民情尚未回轉　　我身邊僅只有小玲丫環
今乃是三月天風和日暖　　主僕們下樓來觀花遊園
在花亭撫瑤琴來把心散　　恰遇著貴公子來到花園
進花廳來討茶我偷眼窺看　　愛相公好人才一表非凡
一定是讀得有詩書萬卷　　到將來定能在朝廷做官
我哪能比得上沉魚落雁　　這本是張公子誇獎莉娟
有句話我想說卻又不敢　　怕公子嫌棄我配不上班
我有心與相公結為姻眷　　將終身許配你定下姻緣
有情人成眷屬兩廂意願　　情相投意相合何言高攀
回家去稟父母喜期備辦　　請媒妁到我家來把語傳
王莉娟許相公足矣如願　　魚戲水蝶戀花花好月圓
一霎時雲遮日天低雲暗　　曾恐怕風雨來行路艱難
請相公在我家歇宿一晚　　明日裡回學堂僅可望安
明日走我可以雨中送傘　　請公子到家中一同進餐

　　二人一見鍾情，進府用過晚餐，梳洗已畢，丫環穿針引線，他二人暗度了佳期，從此後常常來往，長達半年，莉娟腹中有孕了。

　　回書講青雲之父張子才見兒子杭州求學，半年不歸，曾恐走上邪路，杭州又是繁華之地，越想越不放心，就寫信自稱重病，再者青雲走後不久，就與他定了一門親事，乃是蘇州巡撫鄭舉平之女鄭素英，貌若天仙，知書達理，命一得力家人，將書信送往杭州，叫他速速回家。

家人領命來到杭州找進學館，見了公子呈上書信，青雲一看，打發家人先回。

青雲稟明了先生，告辭回家，就來會莉娟：「只因家父重病，臥床不起，我特來辭別，即刻啟程。」「既是公公病了，理應回府侍奉，待我備酒餞行。」

第三場

莉娟小姐對相公

請官人坐上首開懷暢飲　　我特地備這點薄酒送行
聞聽說老公公身染重病　　應該要回家去侍奉嚴親
為人子應該以孝悌為本　　鴉反哺羊也有跪乳之恩
想相公半年前來討茶飲　　我二人在花亭一見鍾情
我愛你你愛我心心相印　　情相投意相合定下終身
張相公接家書要回原郡　　我應該告訴你一樁事情
王莉娟我已經身懷有孕　　回家去一定要快選良辰
莫延遲到時候就要出挺　　怕的是嬰兒要月滿臨盆
這件事囑咐你千萬記緊　　切不可事過境遷負義薄情
非是我對官人疑惑不定　　況人心隔肚皮難看內心
只要是相公你言而有信　　那我就等著你前來迎親
因為是腹中事不能久等　　並不是為婚姻急於求成
一路上多保重飢餐渴飲　　我的這叮囑言謹記在心

張青雲回詞

賢小姐你真是情理周到　　張青雲有番話請聽根由
我離家到杭州訪師求教　　是為了奪高魁金榜題名

那一天我遊春來把茶討　　幸會了賢小姐鵲駕天橋
見小姐好賢德花容月貌　　愛慕你體態輕盈百媚千嬌
承不棄許姻緣同偕到老　　我青雲如願已足度了良宵
得小姐也是我緣分不小　　決不忘小姐的義重情操
若不是父親病寫信來了　　我豈能捨得你轉回故鄉
不放心跪樓臺對天可表　　舉頭三尺有神明監察秋毫
我若是忘了情日後顯報　　張青雲不認你雷劈火燒
回家去把父親病體治好　　將此事稟明爹安排停調
賢小姐你說是越快越好　　怕的是未過門生了毛毛
選一個黃道日熱熱鬧鬧　　備花轎來迎娶鼓樂笙蕭
請小姐放寬心休生急躁　　囑咐言我一定緊緊記牢

　　撤席下樓，送出花園，依依難捨，青雲幾次回首示意，丫環小玲和張福相處半年之久，也栽下了情根，小玲說：「張福，一路好生服侍公子，下次同公子一起來。」張福點點頭示意，按下張青雲主僕回蘇州不表。

　　再說王知縣察了民情回府問丫環：「小玲，小姐呢？」「小姐……」「小姐怎麼樣？」「小姐她病了。」「病了，就該請醫生。」「小姐是受了點風寒她會好的。」「叫她下樓來見我。」「老爺，小姐剛才出了身汗，不能吹風，不能下樓來。」「好，不能下樓帶我上樓去看看她呢！」此時把小玲急壞了，趕忙上樓幫小姐做掩護，只見老爺上了樓，小玲站在前面遮著小姐的胸腹，莉娟見了父親說道：「爹回了。」「為父回來了，聽小玲說你病了，我兒究竟是什麼病，說與我聽了，好去請醫！」「女兒是受了風寒，不必去請醫生了，」「是病了，就要醫，待為父下樓叫人請醫生來給你看病。」說罷下樓去了。

　　此時小姐主僕雖過了一關，還是心急如焚，若醫生來了如何是好？

丫環急中生智，用絲線把脈，把線頭按在自己的手脈上，卻被老爺看出破綻，怒道：「小玲你大膽，弄虛作假。」只得將線頭按在小姐的手脈上，醫生摸了脈就同老爺下樓來到客堂，老爺問：「我女兒是何病？」「令愛沒有病，是喜脈。」老爺大怒，就是一耳光，打得醫生火星直冒說道：「休仗你是縣官，你女不正懷了私生，還打人，我還要全城張揚，看你堂堂七品羞也不羞！」

此時老爺不強變弱，取出白銀二十兩作費用，賠禮道歉，敷衍了事。醫生走出門外言道：「背了一嘴巴，臉上有餘印，算個回頭賬，賺了兩錠銀。」

老爺手執家法喊來小玲，快快對我講實話，否則將你打死！

第四場

丫環對老爺

戰兢兢抱家法容我跪稟	求老爺息雷霆饒恕小玲
小奴婢不敢把老爺瞞隱	事無有百日黑久後要明
對老爺我就把實言告稟	自從老爺察民情離開衙門
三月三小姐要遊園散悶	遊了園小姐在花亭撫琴
忽來了一書生他把園進	因口渴來討茶走進花亭
小姐就起身來把他盤問	蘇州人父親是刑部大官
他名叫張青雲秀才身分	到杭州來求學攻讀書文
是為了訪名師力求上進	赴科場就可以金榜題名
觀舉止不輕浮堂堂正正	異日後一定有錦繡前程
小姐見他多志誠一表人品	眉又清目又秀儒雅詩文
問了那公子的來歷身分	小姐就愛慕他一見鍾情
男當婚女當嫁也是應分	在花亭面對面定了終身

從此後那就是一言難盡	那公子來往不斷日久生情
半年之久卻不料小姐有孕	就叫他回家去請媒求婚
並不是小奴婢從中勾引	對老爺所說的全是實情
這不能怪小姐閨門不緊	只能怪老爺你久不回程

「膽大賤婢，好一張利嘴，來人，掌她幾個嘴巴，將她趕走。」

此時，王成氣沖鬥牛，手執鋼刀，只有將女兒殺了屍埋花園，免人恥笑，再又想道：「人口封不住。」想到這裡，就另想一計。

於是就上樓對女兒說道：「莉娟！為父教你讀書做人，指望你做個人上之人，為父母爭光，誰知你做出無恥之事，矮我的頭，本當將你殺了，又對不起你死去的母親，為父想出一計，只有將你送往外婆家去，方可避風聲，快清理衣物。」「為兒遵命，我就帶小玲去外婆家等待張公子來接。」「還什麼小玲小玲，為父將那個穿針引線的賤婢趕走了，快清包裹吧！」

莉娟見父親下樓去了，清了細軟衣物，提著包裹下樓，隨父出門往外婆家來，走到西子湖邊：「爹呀！我們是不是走錯了路？這不是到外婆家的路，此乃西子湖邊。」

第五場

王成對女

父送你並不是走錯了路徑	在湖邊我對你把話說明
想當年你母親不幸喪命	父為你我冇有續絃復婚
是怕你受虐待心中不忍	才居鰥一做父二做母親
教誨你讀詩書孝悌忠信	我把你當兒子撫養成人
做父母愛兒女人心相等	指望你做一個人上之人

誰知你違背了我的教訓　　賤丫頭不抱本不把光增
背著我敗家規閨門不緊　　做這種無恥事丟我的人
全未想為父的官居七品　　我哪裡還有臉立於人生
我如今把希望變成泡影　　恨丫頭做這種糊塗事情
我本當用鋼刀將你廢命　　殺了你對不起你死的母親
故引你到湖邊把你提醒　　不是到外婆家前去投親
引你到西子湖投水自盡　　我帶有鋼刀一把繩索一根
不投水那你就拔刀自刎　　不自刎就趕快自縊懸繩
賤丫頭休想我饒你的命　　留倒你玷辱了王氏門庭

莉娟回詞

跪湖邊求父親饒兒一命　　難道爹捨得割斷父女之情
兒抱著爹雙腿有言告稟　　望父親息雷霆容兒說明
本是兒不孝道違背父命　　不該在花前月下定終身
三月天張公子因討茶飲　　只怪兒我不該一見鍾情
見他是官家子堂堂正正　　觀舉止是一個君子正人
故所以兒就把終身許聘　　見他是讀書人必有前程
並不是拋棄我轉回原郡　　也不是浪蕩子淫亂閨門
回蘇州是因為父親患病　　將書信告訴我方才知情
起程時並對我留有言論　　回家去請媒來登門娶親
望父親饒恕我把他候等　　結了婚就可以挽回名聲
兒就是尋了自盡難議論　　爹何必狠著心一意孤行
兒還有一句話把爹提醒　　逼我做冤死鬼豈不心疼
看起來我的爹心比鐵硬　　並非是女兒我怕死貪生
我的爹你的心如同梟隼　　怨女兒我不孝觸怒父親

梟雀是一種吃兒的鳥，王成氣上加氣，一腳將女踢倒，打下西子湖，讓她安葬魚腹，王成望著白浪滔滔，撕裂心肝，淚如雨下，喊了幾聲：「莉娟，女兒呀！」回首三次不見女兒的屍身，低著頭往轉走，人心皆然，哪個又捨得親生女兒去死。古時候婚姻制度不同，講究忠孝節義，禮義廉恥。

　　回書再講張青雲帶著張福回到家中，見父親坐在堂上，精神飽滿，上前一禮道：「孩兒這有禮。」「我兒回了，一旁站過。」「孩兒接過書信，父親不是病了嗎？」「為父沒有病，只因你久久不歸，為父掛念於你，故寫信叫兒歸來。」青雲聽了，當時就想帶著張福去杭州，他父極力阻止，「為父為你定了一門親事，馬上擇日成親，我兒再也不要去杭州攻書了。」「孩兒尚且年輕，等我求得一官半職，再成親也不遲，孩兒我走了。」「且慢，你這奴才不聽教訓，家院們來，與我將這奴才鎖在後房！」

　　此時的張福急得像熱鍋上的螞蟻，自言自語：「人家的小姐都懷了孕，還說要在家裡結婚，我看公子怎麼辦？」張大人選了良辰，就把蘇州巡撫之女鄭素英接過門來，逞[1]到雞母抱兒，逼著兒子拜了堂，牽進洞房交杯，命人鎖了洞房門，青雲也不接頂布，坐在桌旁，望著銀燭心神混亂，自思自想。

第六場

青雲洞房自思

坐洞房望銀燭自思自想　　　　我心中亂如麻寂寞徬徨

1　逞：方言，同「按」。

原以為老父親身染病恙　　　故辭別王小姐轉回家鄉
恨父親寫假信將我騙謊　　　不知是勒逼我花燭拜堂
我與那王小姐婦隨夫唱　　　好夫妻遇獵手彈打鴛鴦
老父親像這樣讓我失望　　　為什麼要將我鎖在洞房
布下這無情的天羅地網　　　情不投意不合怎麼成雙
想起了王莉娟神怡心曠　　　既美貌又賢淑雅靜端莊
想到此如看見她的形象　　　她和我可說是天生一雙
耳聽得張福在房外叫喊　　　他叫我莫變心切莫上床
我豈肯丟車搶炮明明上當　　　寧可在這洞房坐到天光
又聽得敲樓上三更鼓響　　　轉面來見新人伏水生涼
見銀燭半成灰火光不旺　　　起身來彈燭芯想在心房
我不免對她把實話言講　　　張青雲已經有前妻姓王
我不能娶重婚開籠把雀放　　　送她回娘家去另選才郎
這樣做我父親必加阻擋　　　上前來揭下頂布看個端詳
見娘子長得像天仙一樣　　　像一個活娘娘蓋世無雙
就是那月裡嫦娥還比她不上　　　有了這美佳人何必去杭
背後成音我是愛娘子漂亮　　　但願得白頭到老地久天長

新娘回詞

時才間聽官人把我歌獎　　　幸有緣高攀了才子張郎
問官人是不是飲酒過量　　　卻為何望著我喜笑洋洋
本來是人逢喜事精神爽　　　我和你夫妻之間歲月長
男兒漢要立下報國志向　　　但願夫做一個朝中棟梁
滿朝中朱紫貴誰又不想　　　切不可戀妻子耽誤文章
願望夫得高中名登金榜　　　自古道夫榮貴妻子沾光
衾暖不如桃浪暖古人所講　　　要知道粉香不及桂花香

初過門冇摸到夫的斤兩　　　為妻的我這是語重心長
不貪酒不貪色有人尊仰　　　才算得真君子正正堂堂
今乃是良宵夜話不多講　　　請官人寬了衣進帳上床

　　張福在洞房外不住地喊：「公子，千萬不能上床，莫變了良心，莫忘了王小姐。」青雲就將他鎖在花園一個小房裡，命人送飯他吃。

　　回書再說西子湖有個漁媽，以船為家，老伴去世了，無兒無女，手中有些積蓄。那天晚上王莉娟被父打下水，漁媽見水中起泡，一網將她打起，燒水起暖，清醒問明緣故。

第七場

王莉娟對漁媽

見媽媽問來歷一言難盡　　　提遭遇我的苦說不出唇
小時候遭不幸母親喪命　　　父親在餘杭縣轄管萬民
只有我王莉娟一個薄命　　　延遲到十六歲未許婚姻
有一個張青雲秀才身分　　　他乃是蘇州人滿腹經綸
見他是官家子一表人品　　　背著父在花亭私許婚姻
他說是回家去謀媒下聘　　　誰知他一去後杳無音訊
害得我閨閣女懷了身孕　　　被父親知道了大發雷霆
大罵我傷風化把臉丟盡　　　送我到西子湖來把水沉
雖然是漁媽媽救我一命　　　這天地雖然大無處容身
怕的是人罵我失了教訓　　　小女子哪有臉苟延殘身
如今是無家可歸自己悔恨　　　我好似風裡楊花浪裡浮萍
我想問老媽媽娘家貴姓　　　不知道家庭裡有些麼人

漁媽回詞

王姑娘說遭遇我心中不忍　　聽老身把身世對你說明
我姓周名賢枝老伴姓尹　　說起來我也是一個苦人
三年前遭不幸老伴喪命　　我膝下無兒女舉目無親
無田地無房屋家具器皿　　靠一支小漁舟撒網棲身
炎熱天站船頭烈日曬頂　　寒冬時打撒網手上結冰
早上去賣了魚就把米買　　日撒網夜晚在船舟棲身
船窄扁躬著腰爬出爬進　　搖搖晃晃時時刻刻都要小心
做哪行怨哪行辛苦得很　　有時候要撲網兩年不停
我手中略微有一點餘剩　　要防備落雪下雨湖水生冰
長年累月在湖邊風雨歷盡　　獨一人慢慢的度這光陰
今日裡我救起姑娘一命　　事至此聽我勸你莫傷心
紅顏女多薄命有這句言論　　人有曲折月亮有圓缺陰晴
車到了高山前必有路徑　　到河邊自然有擺渡之人
我有心想將你收為螟蛉　　又怕你不高興嫌棄老身
應允了為娘的喜之不甚　　莉娟兒在我身邊你就安心
我準備賣了船幫你打聽　　找著了張公子自有生存

　　周氏賣了漁船，連原來積蓄湊了一百多兩銀子收拾啟程，來到蘇州找一店子住下，打聽張青雲，卻不料莉娟要分娩，幸而有人扶持產生一子，過了半月，漁媽問店家張青雲的住址，店老闆知道刑部尚書張子才的公子，漁媽叫莉娟寫了封書信，煩店家遞去交張青雲，只等莉娟滿月就來悅來店接她們老少三代進府。店家把書信送到，張青雲看了信，不承認，反說冒認官親，店家多事，快走吧！店家受了氣，回店是要回覆漁媽的，按下不表。

　　再講小玲，自被趕出，孤苦伶仃，父母早亡，無家可歸，求乞到蘇

州，好心的丫環是為小姐探張公子的，不料會著張福，張福是個逗人喜歡的孩子，管家帶合放了他，張福把公子變了良心的情況對小玲說了，小玲要去找他，由張福引進：「公子，外面有人找你！」青雲來到堂前認出是小玲：「何方乞丐，竟敢進府快滾！」

第八場

小玲對張青雲（好一個負心之人呀！）

難道你張青雲有長眼睛	未必你不認得我是小玲
你怎麼忘記了當日情分	在花亭與小姐海誓山盟
面對面說的話你不守信	只害得王小姐懷了幼嬰
你穿的人的衣豺狼心性	表面上裝君子內是小人
可記得臨別時說的言論	你不能守諾言變了良心
對小姐發誓賭咒不忘情分	難道說你不怕觸犯咒神
你不該淫亂閨閣天良喪盡	回家來為什麼又娶重婚
你害得王小姐名節有損	你不該見好愛好厭舊喜新
不但是害小姐你把德損	害得我被責打逐趕出門
害得我無家可歸山窮水盡	沿途乞討到蘇州你不承認
難道說你不怕天譴報應	難道說你不怕雷劈火焚
你枉披人的皮枉讀書本	但願你顯報應死無葬身
莫怪我小玲的一張嘴狠	只怪你張青雲不憑良心
只要是我小玲有條活命	我要到衙門去告你青雲

吩咐惡奴將她的舌條割掉，拖到花園去，張福抱著小玲痛哭，此時，驚動了青雲的妻鄭素英，命人將張福、小玲牽進，這時漁媽抱嬰兒領莉娟小姐找進府來，一見張福，小玲割了舌條，不能言語，成了啞

女，柔腸寸斷，氣昏在地，鄭氏忙餵開水，甦醒轉來，此時被張青雲發覺，就拿刀殺人滅口，卻被鄭氏攔住說道：「你好大膽以身試法。」青雲聽了此言就迴避了。

鄭素英就扶王莉娟坐下說道：「我就是青雲之妻鄭素英，姐姐有什麼肺腑之言，請當面講。」

第九場

王莉娟對鄭素英

賢妹妹你真是世間少有
王莉娟我本有滿腹苦楚
只怪我王莉娟眼力不夠
把小人當君子營合配偶
張青雲害得我懷身大肚
我父親知道了氣沖牛斗
是多蒙一漁媽把我相救
見我苦收義女鼎力相助
投進了悅來店住下之後
在店中生一子眉清目秀
找進府不認我殺人滅口
若不是賢妹妹擋刀相救
臨別時他對我發誓賭咒
他不怕天網恢疏而不漏
指望是找得來夫妻成就
可嘆我王莉娟走投無路

你真是度量寬良善賢淑
說出來誰又能與我分憂
千般恨萬般悔錯在當初
才有這千古恨一朝失足
誰知他回蘇州把我拋丟
逼我到西子湖去把水投
一撒網就將我救上漁舟
賣漁舟做盤纏找到蘇州
卻不料要分娩十月胎足
寫信來誰知他不認骨肉
可恨他張青雲心比蛇毒
我做了刀下鬼冤上加仇
到今日不認我忘了當初
冇算到他是個忘恩之徒
萬不料落了個淚灑姑蘇
我只有落一個魂轉杭州

鄭素英回詞

賢姐姐休得要自悲自怨　　　俗話說人有曲折河道有彎
常駕船也要遇風吹浪捲　　　人生的道路上哪有平凡
把頭腦放冷靜聽我相勸　　　既來之則安之請莫悲觀
決不會讓你們姻緣拆散　　　這件事我不能袖手旁觀
我可以對青雲從中解勸　　　收姐姐為正命恢復團圓
姐為大我為次相依相伴　　　你在先我在後理所當然
這不能說成是鵲巢鳩占　　　我應該要讓步順其自然
說賢善是姐姐把我稱讚　　　為妹的稱不上四德淑媛
依我看他定有心回意轉　　　這嬰兒是他的一脈相傳
不看僧面也要把佛面來看　　　請姐姐你放心有我承擔
把恩情付水流令姐疑惑　　　這樣做本是他對你不然
一夜夫妻百日恩豈能割斷　　　望姐姐原諒他度量放寬

莉娟復回詞

賢妹妹你真是令人可敬　　　句句話說出來感動人心
前思後想解不開我憤恨　　　張青雲並不是肝膽照人
想起了三月三他把園進　　　討茶喝是藉口別有用心
到今日才看出他的本性　　　悔不該把終身委託賊人
把賊子當丈夫瞎了眼睛　　　只怪我疏忽了才有如今
害得我出香閨離鄉背井　　　我為他投水死死裡逃生
把孩子生店中我就寫信　　　指望是去接我母子相親
無奈何找進府不把我認　　　不認我要殺我變成仇人
這種人還哪能改邪歸正　　　由此看喪天理哪有良心
將小玲舌頭割實在殘忍　　　害得她一生世成了啞人
從這看他心比豺狼還狠　　　我與他再成夫妻萬萬不能

想到此將嬰兒交妹撫引　　兒成人切莫說是我所生
兒本是張門後妹當承領　　一定要說他是妹的親生
姐死在九泉下感恩不盡　　霎時間心血湧眼花頭昏

　　話音剛落，倒地命斷，鄭素英超度莉娟，就備棺安葬，將孩子取名寄生，請奶媽撫養，請醫治好小玲的傷，成了啞女，鄭氏將她許張福成了夫妻，嫁妝辦得不少，將府當親人，將漁媽收在府養老送終，一切安排妥善，按下。

　　單講，張青雲從此感到莉娟就在他的身邊，弄得心神不安，有時做惡夢，駭得驚叫吶喊，到了次年的清明節，商量鄭氏到墳前祭奠莉娟亡魂，正在這時一陣神風，烏雲送來，咔嚓一雷，將青雲駭得跪在莉娟墓前，挖出心肝五臟，復又一雷，燒得化骨揚灰，這是他忘情負義，不憑天良，犯了咒神的下場。

　　妻子回家，報與久病的公公得知，當時氣得一命而亡，鄭氏把公公葬了，一心撫寄生讀書成名，娶親完備，鄭氏享老來之福，還是好人有好報。

　　張福與小玲生育子女，建立了家庭，王知縣後任知府續絃復娶楊氏甚賢，生二男一女，不怕兒女得的遲，只要活到八十後繼有人，終了。

繡花姑娘

清乾隆武英殿大學士洪建章，乃四川保寧府琅城縣北門外洞花洞人，忠良賢官，夫人林氏賢淑，膝下有兩子，長子友云，吏部天官。次子友夢，兩江總督，衙門在南京。

友云妻方氏生子蘭桂，十五歲入學，一表人才。友夢妻湯氏，名門閨秀，生一子名奕生，不滿三月，做滿月那天，用墨針在背上刺了奕生二字。

朝中有一鎮京總督軍機大臣和珅作奸，暗奏假本，言洪家謀反，降旨抄斬。當時有文華殿大學士劉統勳，東廊大學士俞文榜，九門提督郭文舉保本不准，退朝回府。劉大人派心腹送信。洪友云急寫信叫兒子火速逃走，吩咐大人收拾。

第一場

洪友云囑咐兒子

為父的時才間得一凶信	馬上要來抄殺我家滿門
萬歲爺寵奸臣讒言聽信	降聖旨誅全家涇渭不分
有幾位忠良官保本不准	送信來是多虧學士統勳
假如是將我家斬絕殺盡	到將來洪門中報仇無人
父命你要迅速離家逃命	姑母家去避難逃往南京
與姑母不相識修有書信	切不可去投奔叔父衙門
兒不可爛胡說出言過分	反朝廷敗壞了洪家清名

從祖輩保大清忠心耿耿　　我洪家立得有汗馬功勛
皇天不負忠良後這是一定　　我只求洪門中留有後根
只要你不忘這深仇大恨　　烏雲總遮不住朗朗乾坤
是忠良不怕死人之常論　　說到此我還有言語叮嚀
一路上須當要加倍謹慎　　囑咐言千萬要牢記在心
你要在姑母家勤學發憤　　將包裹交給你連夜啟程

蘭桂回詞

為兒的接包裹屈膝跪稟　　爹何必盡愚忠坐以待擒
這乃是讓賊子陰謀得逞　　像這樣就死得不明不白
依為兒上金殿面聖辯本　　或者是與為兒逃往南京
或者是拼一死殺賊消恨　　除奸賊這不是反朝欺君
老父親卻為何執意不肯　　卻為何讓冷箭射死忠臣
並不是為兒的不遵父命　　兒逃走豈忍心獨自貪生
逃出外兒也是吉凶難定　　但不知何日裡風掃殘雲
絕不忘奸臣的殺父仇恨　　兒如有出頭期冤仇可申
此時刻父子別無限悲憤　　三更鼓催父子骨肉分離
為兒的起塵埃只好從命　　出書房淚難忍拜別父親

　　蘭桂出花園逃走。和珅為欽差，領兵一千萬為兩路，命心腹周通將軍，南京總督衙去拿洪友夢全家。和珅就來抄殺天官府，清點人數，要友云交出兒子。我兒出外訪師學藝未歸。殺得屍橫滿戶，拋萬人坑，抄宅一空，封鎖門戶繳旨。

　　周通帶兵來南京總督衙前，院子報大人，情知不妙，命夫人湯氏抱幼子出逃，來不及改裝。

　　御林軍蜂擁而進，見人就殺，鮮血染紅總督衙，可惜了洪友夢一位

功臣。

　　再講湯氏夫人抱子走不多遠，被官兵發現，中箭倒地，血染塵埃。適逢一個繡花姑娘路過，她家住水西門，抱嬰兒回家。

　　後有追兵趕來搜索，她急中生智，遮頂換衣，解衣喂奶，搪塞了追兵。這姑娘叫李淑娟，十六歲貌美，母親早死，父李道平常年在外小本經營，此女早許同鄉吳少川為室。她刺繡有名，故叫她繡花姑娘。她見一位夫人倒地，把嬰兒救回家，哄走官兵。發現有「紫金鎖」一定是忠良之後，從此就把奕生殷勤撫養，地方上議論紛紛，說李道平之女，養了私生子，傳遍水西門。吳少川秀才得知寫了休書，交媒人黃世才送往李家。途中恰遇道平貿易歸，看了信是休書，大怒。

第二場

李道平罵女

為父的只氣得切齒憤怒　　　　罵一聲你這個無恥丫頭
臨行時囑咐言婆心苦口　　　　賤丫頭辜負了我的教育
女兒家為什麼閨門不守　　　　做些事簡直是冇得管束
這件事為父的說不出口　　　　無廉恥敗家規傷風敗俗
賤丫頭口口聲還說冇有　　　　那吳家為什麼要把你休
養一個私生子出來獻醜　　　　你丟了我的臉不能抬頭
這嬰兒何曾是丫頭相救　　　　傳遍了水西門恬不知恥
你快把那嬰兒交與我手　　　　待為父拿得去把他拋丟
我今日指明你兩條明路　　　　任憑你或懸梁或把水投

淑娟回詞

尊一聲老爹爹暫且息怒　　　　容女兒跪面前細說從頭

這都是那吳家無中生有　　寫休書造謠言畫蛇添足
兒總是在閨閣常把花繡　　從來冇在哪裡賣弄風流
如要問小嬰兒本來是有　　請父親聽女兒細說根苗
買針線走到那三岔路口　　一夫人身中箭死在路途
懷抱著一嬰兒追兵在後　　聞吼聲抬頭看計上心頭
為兒的急忙將嬰兒搶救　　救一命勝造那七級浮屠
抱回家見追兵攆到門口　　露乳房說成是親生骨肉
唯只有這樣將追兵哄走　　救一個忠良後何為恥辱
如不信可以問隔壁左右　　嬰兒有紫金鎖掛在胸口
為兒的豈效那殘花敗柳　　縱然是休了我不為恥辱
老爹爹應該要思前想後　　絕不能把這個嬰兒拋丟
如是丟以假成真不能做　　候水落石頭現自有分曉
兒一世再不嫁從今往後　　守終身撫此子名傳千秋

　　道平聽了，雖解疑團，總覺閨女撫養小孩不好，又怕有窩藏罪，又怕誤女終身，再也不出門貿易。但有時一出門就有些難聽的話，悶悶不樂，因憂成疾。囑咐女兒此地不是藏身之所，不久就死了。淑娟葬了父，繡花撫子兩年，上門說媒的人川流不息，變賣家業，離開南京，蓮臺庵不收，不收到何處安身，後書交代。

　　回書講洪蘭桂南京訪親，這天正月十五來到長沙北門外，新康渡小集鎮投店，天晚忽聽後面有一人喊：站住！駭得他進裕源槽坊，見一絕色女子，獨坐帳房燈下觀書，見他破門而進，要他快走，究竟是何情由？

第三場

洪蘭桂對小姐

因情急闖貴府小生失敬　　問來由不隱瞞小姐請聽
我名叫洪蘭桂秀才身分　　祖籍是四川省家住琅城
先輩們俱都是經商為本　　一家人從鄉下搬到北京
坐船舟遇風浪徒遭不幸　　翻了船一漁翁救了小生
父母的生與死吉凶難定　　我只有到南京前去訪親
天色晚找客店來到此鎮　　遇強人叫站住隨後緊跟
故所以駭得我破門而進　　並非是狂徒浪子不良之人
我是個讀書人讀過孔聖　　決不是說謊言哄騙千金
本是在為難中無門可進　　躲進府望小姐搭救小生
施一禮向小姐再三哀懇　　常言道人皆有惻隱之心
男女有別小姐是千金身分　　等片刻賊盜走我就辭行
小生有十六歲尚未定聘　　假如是投親不遇只有飄零

回詞

洪相公說的話堂堂正正　　蘭翠英有一番話相公請聽
我只有九歲時母親喪命　　老父親稱員外名叫正庭
僅只有我一女未曾受聘　　年二八高低不就延至如今
我也曾讀過了烈女書本　　習針指有時候畫畫撫琴
我家中還有些奴僕人等　　今乃是元宵夜去看花燈
因為我是女子要守閨訓　　故留下我一人照守門庭
不知道相公是遇難而進　　闖進戶我怕你不是好人
故所以把你的來歷盤問　　聽相公出言語正大光明
觀舉止不輕浮斯文秀俊　　不愧是讀書人佩服你志誠

這只是金玉鐲作為相贈　　請收下作留念一點薄情
洪相公休講禮何言愧領　　莫疑惑與相公栽下情根
探了親轉頭來再落此鎮　　不嫌棄我的話牢記在心
願相公旅途中一帆風順　　新康渡有船舟通往南京
三更鼓客歸房相公略等　　取鎖來送相公去投店門

　　小姐贈鐲子和說的雙關語，蘭桂當然明白。因逃難時對小姐說了些半真半假的話，無物可贈，提詩云：「狂風徒起忽又息，江水奔流何時畢，風聲雖息浪未止，滿腹愁腸對誰題。萍水相逢成知己，三生有幸結連理，等待蟾宮摘桂日，花開並蒂度佳期。」

　　翠英小姐扣鎖，送到渡口。客棧轉身回來，看詩也會意。聽有聲音，知道是看燈的回了。忙收了詩詞，上樓安宿了。

　　次日，蘭桂包船走了三十里，在蘆林汍灣遇風泊船，不一會又來了兩隻大官船，繫了纜繩，時近初更鼓末，風浪漸平，月色光明，蘭桂站在艙外吟詩解悶，詩云：

　　狂風徒起忽又息，江水奔流何時畢，風聲雖息浪未止，滿腹愁腸對誰題。事有前因後果，水有風力生波。月有陰晴圓缺，人有悲歡離合。

　　卻被隔舟小姐聽出詩中悲恕，吩咐丫環樂春開倉偷看，見一相公儀表非凡，命丫環過舟相請，只說是官船上李大人特命奴婢，請相公過舟敘話。蘭桂推不脫，過得船來，見是一位小姐，貌美天仙，大驚告退。

第四場

李小姐對相公

剛過舟就告退卻是為甚　　　請坐下我奉你一杯香茗
但不知相公的高姓大名　　　洪相公請聽我對你說明
卻然何低著頭不把聲應　　　這船上除丫環再無旁人
住揚州江都縣南門附近　　　無姐妹我姓李名叫竹英
雖然有十六歲未曾受聘　　　習針指讀詩書會撫瑤琴
父名叫李卓琪巡撫職分　　　原來是在福州轄管萬民
這一次去京城走馬上任　　　我父親營皇恩祿位高昇
推開窗皓月明觀看夜景　　　忽聽得隔舟有吟詠之聲
聽詩詞含得有悲怨之隱　　　借月光觀相公一品斯文
這乃是相公的歌獎言論　　　李竹英怎敢比才女文君
洪相公文學好前程似錦　　　到將來一定是棟梁一根
故所以叫丫環過舟相請　　　本是我愛相公滿腹經綸
船挨船繫纜繩三生有幸　　　男大婚女當嫁人之常情
若不嫌李竹英容貌粗笨　　　願許配洪公子足下為婚
定有婚我也是一言為定　　　先為正後為偏同侍一君

蘭桂回詞

承不棄小姐的情誼可貴　　　許婚姻洪蘭桂不敢從為
這樣做叫花前月下私會　　　應該是父母命婚姻有媒
瓜田下不納履我當迴避　　　小姐是千金體故把婚推
況且我定得有無力成配　　　家貧困無父母甑窯生灰
離家鄉去訪親求個靠背　　　娶兩房我確實無有力為
小姐的父親是一品官位　　　如果是私定婚必有是非

假如是知道了定要治罪　　　請小姐千萬要多加思維
請小姐莫見怪另行擇配　　　原諒我洪蘭桂不敢奉陪
選一個好丈夫門當戶對　　　我蘭桂現在是有家難歸
向小姐施一禮小生告退　　　夜已深辭小姐早把船回

　　正送出倉，一陣大風吹斷纜繩，心急如焚。只好暫避倉內，四更大人吩咐開船，蘭桂如呆，想法躲箱內。

　　天明船戶不見客人，包裹在為何客人不在？尋不著只好作罷，李大人的官船攏京起埠，撫都御史搬到公館，設法將大箱抬上樓閣。晚間送行，包裹內有八貼耳環，紋銀兩百，書信一封，內容是：「願做次房一生不嫁別人，叫他打聽應考得中招親。」

　　蘭桂下了軟梯，在京住下，看了書信信物，感慨不已，好一個多情多義的小姐。打聽是歲考，秀才不能應試，還是去南京探親，不敢久居京城，也不敢探聽家中消息。後書交代。

　　回書講繡花姑娘李淑娟庵堂不收，千山萬水帶著奕生來到京城，討到學士府門前，這位大學士的夫人楊氏，漢族人非常賢善，吩咐叫她進府問她的來歷身世。

第五場

李淑娟對夫人

老夫人問來歷我不隱瞞　　　我與這孩子是母子二人
我名叫李淑娟一條薄命　　　小地名水西門就是南京
年輕輕本不想乞討度命　　　我乃是被丈夫休出門庭
無戶親無娘親山窮水盡　　　找庵堂又不肯收我修行
找不著棲身所難求憐憫　　　從南京求乞討來到北京

他說我懷的胎不對月份　　　這孩子他乃是早產出生
吳少川讀書人秀才身分　　　疑惑我行不正竊玉偷情
接休書氣得我淚如雨滾　　　可憐我有苦難辯之不清
這孩子他不要交於我撫引　　　如今還不滿三歲名叫奕生
我甘願受冤屈以作罷論　　　一心心撫此子再不嫁人
對夫人說苦難一言難盡　　　求夫人念我苦望祈施恩

收義女，楊夫人見她未開臉，將信將疑，心想事久總要見人心。到
了熱天，淑娟為奕生洗澡，一連幾天，府中有個僕婦總是望著奕生流
淚，淑娟就問僕婦的緣故。

第六場

僕婦對淑娟

淑娟小姐問緣故一言難盡　　　提遭遇我好比亂箭穿心
老爺夫為兩江總督職分　　　我公公與大伯有功之臣
兩年前有一天突遭不幸　　　御林軍去南京抄殺滿門
是奸臣害忠良奏的假本　　　無故的被詐害禍從天臨
夫命我抱嬰兒母子逃命　　　萬不料我身後來了追兵
身中箭倒塵埃昏死一陣　　　甦醒後拔箭頭血染衣裙
痛難忍咬牙關站立不穩　　　失去了奕生兒痛不欲生
扯衣衫包傷口拼著性命　　　在周圍尋找了幾個村莊
為尋兒在四鄉討口度命　　　從金陵細打探找到京城
為尋兒把我的淚水流盡　　　才遇著府中的賢善夫人
同情我念我苦施恩憐憫　　　收留我在府中有個棲身
在府中我總是常想命運　　　常掛念小嬌兒下落不明

看背心見墨汁淚流不盡　真乃是咫尺天涯難把兒尋
滿月時抱著兒喜之不甚　我親手用墨針刺得乳名
淚滾滾望著他想認怕認　怕小姐說我是冇認親生
若能夠還嬌兒感恩不盡　所說的全是實萬確千真

淑娟回詞

聽夫人說經過一番言論　李淑娟我才敢吐出真情
無父母少姐妹一條薄命　住南京水西門並未結婚
幼小時憑媒妁許與吳姓　兩年前寫休書退了婚姻
問緣故對夫人再不隱瞞　只因我救了這嬰兒奕生
見夫人中了箭以為喪命　抱嬰兒回家中來了追兵
眾追兵闖進門搜查盤問　解衣衫假喂乳說是親生
哄走了那追兵就把房進　見金鎖知道是忠良後根
我甘願不再嫁殷勤撫引　對外人就說是母子相稱
從此後地方人紛紛議論　說成是私生子傳遍南京
老父親見休書逼我自盡　跪堂前報家法細說詳情
不多久父親死逐漸貧困　繡花朵度日食過了兩春
只說是與奕生相依為命　常常有媒人來上門說親
故所以帶奕生離開原郡　背著他求乞討來到京城
遇夫人收義女把我憐憫　承恩待在府中視如親人
救忠良我不怕名譽有損　我一直把苦衷瞞到如今
李淑娟誤終身我不悔恨　還奕生不需要夫人報恩

　　湯氏夫人千恩萬謝。淑娟將此事稟明恩母，楊氏夫人才明白，從此對湯氏母子以上賓相待。佩服淑娟，並將此情告知了老爺。
　　再講蘭桂來到南京附近被劫，八貼耳環鐲頭銀子概被搶走，松林自

盡。遇吳少川救到家中，結為金蘭之交。斗轉星移，兩年餘未探到姑母，從少川口中得知叔父友夢全家抄殺。遇大比，二人進京金榜題名。「狀元洪蘭桂，榜眼吳少川，探花張子瑞，傳臚陳俊安」，參見娘娘賜狀元的紫金鎖，在京拜客。就是不拜和珅，奸臣查明是洪友云之子，次日早朝奏本，「新科狀元乃逃犯洪蘭桂，如不斬草除根，必有後患」。乾隆降旨斬，劉統勳、俞文榜、郭文舉保本不准。請旨辭官。正宮娘娘上殿奏曰：「主公為國求賢，洪蘭桂文章蓋世，乃御筆親點，和珅專權誤國，上欺天子，下欺官僚。主公寵信奸臣，如斬棟梁，賢官退隱，國必危矣。」滿朝文武齊呼萬歲，乾隆這才傳赦旨赦了洪狀元。御筆親題：「永不斬洪。限和珅三月不許上殿奏本。」洪蘭桂謝恩下殿。同榜眼吳少川來拜恩師李統勳。在席間問了狀元，定婚兩房。就招榜眼入贅，由楊氏夫人勸得女兒拜了天地。進了洞房揭開新娘的頂布，小生吳少川高攀了李小姐。

第七場

淑娟對相公

吳相公說高攀這是謙套	堂堂的榜眼公金榜名稱
我這人說不上花容月貌	卻為何望著我瞄了又瞄
在洞房有言在先讓你知曉	我不是劉大人親身女嬌
這緣故我不說你不知曉	我姓李名淑娟不打自招
未出閣我就被丈夫休了	因為我在娘家有個風潮
這風聲在南京家喻戶曉	難道說相公的耳目不高
說實言又怕你把我休了	如不說榜眼公猶如擠包
你這人打燈籠我也難找	並非是嫌棄你故意蹊蹺
話出唇吳相公定要可惱	養了個私生子起了波濤

拜了堂菩薩靴你脫不掉	不怪我只怪你喜歡攀高
難道你不怕把功名丟了	學士府我諒你插翅難逃
我與你交了杯敢說不要	可笑你榜眼公中了牢籠

吳少川回詞

聽此言心如焚令人氣憤	只怪我瞎了眼追悔不已
提招親本是我滿口答應	我不知是你來冒充千金
你說是跟著我改邪歸正	這句話虧了你說的出唇
吳少川不才是榜眼身分	我如今已經是天子門生
我原先休了你以作罷論	最好是莫糾纏另嫁他人
就說是拜了堂也不要緊	我和你尚未有共枕同食
若說是對你的名譽有損	你在南京做的事誰不知聞
我這暫指引你一條路徑	找一個秦樓楚館快樂一生
非是我對於你言語過分	只因你做的事自敗名聲
今夜晚我再寫休書一份	只因為你不配做我的夫人
吳少川兩次休妻決無悔恨	在燈下立休書交你為憑

　　少川寫好休書，獨坐一夜。淑娟穩如泰山。次日，李大人設宴，少川不敢言明，只好入席。由劉大人說了洪家被害經過，然後命蘭桂與湯氏相見。

第八場

湯氏對侄

提起了家被害柔腸寸斷	蘭桂侄聽為嬸細說根源
一住北一住南音信隔斷	都只為忠奸不合賊子進讒

御林軍到南京圍府抄斬
有追兵放冷箭把我追趕
有一個繡花姑娘俠肝義膽
明大義救奕生撫養照看
論容貌可比那沉魚落雁
說到此這小姐令我感嘆
我遇難連累了她也逃難
初見面見奕生欲認不敢
她說了救奕生經過一段
我洪家被奸臣害得好慘
我抱著奕生兒逃出花園
倒地上昏死了血染平川
把生死置度外不怕背冤
這姑娘她姓李名叫淑娟
早許配姓吳的秀才少川
吳少川聽傳言休了淑娟
學士府兩相遇天湊其緣
敘苦衷說顛沛毛骨悚然
云小姐退還我母子團圓
這不共戴天仇靠你申冤

蘭桂回詞

尊一聲孀母娘請聽我說
是和珅那奸賊謊奏皇上
萬歲爺寵和珅聖旨下降
叮囑我投南京姑母府上
一路上受驚駭來來往往
被賊劫坐松林前思後想
遇恩人吳少川救到府上
應大比中狀元名登金榜
說我是反官後聖旨下降
保本的另還有幾位丞相
傳赦旨永不斬將我鬆綁
看以後天誅和珅賊落法網
今日裡孀侄會說了情況
抄殺前爹命我逃出外鄉
害我家定反官一門殺光
屈殺了我洪家滿門忠良
沿途中兄定了妻室兩房
攏南京遇著了打劫的賊強
無路走尋自盡拜罷死的爹娘
結金蘭居住有兩年之長
被和珅參一本禍起蕭牆
斬殺我是多虧正宮娘娘
不准本卸花翎辭職回鄉
貶和珅三個月不奏本章
自古道老皇天不負忠良
事畢後與孀母祭祖回鄉

嬸侄敘苦，這時吳少川聽了恍然大悟，暗自愧悔。想起在洞房說的話，無法收回。真乃淑女、美女、才女。劉大人俱本，將李淑娟深明大義，捨己救人，搭救忠良後裔，奏明皇上。並將洪蘭桂逃走，定的兩房姻緣，請旨賜配。

皇上下旨三道：「招淑娟進宮封為千公主，謝恩，留住宮中。」二道旨：「新康渡蘭正庭送女翠英進京。」三道旨：「李卓琪撫都御史送女竹英進京。」狀元公館完婚。

李大人回府說了此情，吳少川聽了如痴如醉，對恩師告了前情，願負荊請罪。哀求恩師玉成其事，跪地不起。大人故作疑難道：「淑娟如今是公主，高了身分，兼之受了你的幾次委屈，恐怕不行。」

此時狀元公也向恩師請求說情。次日，劉大人俱本作伐，奏明皇上。萬歲傳旨宣榜眼吳少川進殿招為駙馬，官封千歲，為監察御史，謝恩下殿。與公主在皇宮拜堂進入洞房。

第九場

吳駙馬對公主

在洞房負荊請罪雙膝跪地　　　跪的是賢公主受了冤逼
跪的是賢公主深明大義　　　　損自己搭救了忠良後裔
跪的是敬佩你有節有義　　　　妻可算女中魁賢淑第一
跪的是我不該兩次休你　　　　我如今明白了追悔不已
洪夫人嬸侄會說了詳細　　　　我聽了解疑團冤了賢妻
我不該聽謠言對你不起　　　　故所以在洞房下跪屈膝
我應該向公主賠情敷禮　　　　今夜晚我不怕跪破雙膝
望公主放大度前仇莫記　　　　並不怪你對我抹桌還席
吳少川並不是虛情假意　　　　全都是我的錯傷害了賢妻

千萬要望公主回心轉意　　原諒我吳少川錯休了賢妻

淑娟回詞

李淑娟坐宮中前思後想　　吳千歲你聽我說這根由
我自幼在閨中婦道緊守　　習針指繡畫朵從不風流
施惻隱救一個忠良之後　　在娘家遭污衊被你所休
我的爹見休書氣沖牛斗　　大罵我喪廉恥門戶玷污
報家法跪父前才辯清楚　　我一心撫孤兒苟且春秋
遭不幸爹得病死了以後　　有媒人跑破門去把婚求
父親的孝未滿離開故土　　去投那蓮臺寺師傅不收
與奕生裝母子沿門討口　　學士府老夫人施恩收留
這奕生有乳名刺在背後　　洪夫人見墨字認了骨肉
老恩父招贅你夫妻成就　　誰知你在洞房又把我休
你不是指了我一條明路　　叫我去找一個楚館秦樓
這些話虧了你說得出口　　傷人心你一點情面不留
李淑娟我已是殘花敗柳　　難道你不嫌棄不怕玷污
我勸你最好是另擇佳偶　　如娶我在人前你要矮頭
我不配做夫人你說過沒有　　只怪你過河拆橋後路不留
榜眼公若想我反覆成就　　那你就亮肝膽方可同寢
能不能在洞房發誓賭咒　　我如果不咬口又怕你休

　　吳少川這才起跪，李淑娟把話都說了，消了怨氣，夫妻和好。請旨曉諭南京，李淑娟為結義淑女。

　　蘭正庭與李卓琪接旨，速將女兒送到京中狀元公館，由湯氏夫人主持，擇吉成配，是熱之鬧之。

　　皇上和文武傳旨，召洪蘭桂上金殿受封，洪蘭桂為吏部天官。蘭翠

英一品掌印夫人，李竹英為孝義夫人。

　　湯氏夫人領享洪友夢俸祿，撫子成名。洪建章三父子入忠臣廟，謝恩下殿。告假三月，同嬸母回家祭祖。事畢到新康渡接岳父京中奉養。

　　吳少川也歸家祭祖，接父母到京享受，兩家子孫發達。公卿不絕，逢節拜看李大人二老。

　　據書中交代，和珅以後被嘉慶歸納他二十條大罪，賜死。抄沒家財不計其數。冰消瓦解。正所謂善惡到頭終有報。

昌明文庫・悅讀中國　A0607024

漢川善書 下冊

主　　　編	漢川市文化體育新聞出版局
版權策畫	李煥芹
發 行 人	陳滿銘
總 經 理	梁錦興
總 編 輯	陳滿銘
副總編輯	張晏瑞
編 輯 所	萬卷樓圖書股份有限公司
排　　版	菩薩蠻數位文化有限公司
印　　刷	百通科技股份有限公司
封面設計	菩薩蠻數位文化有限公司

出　　版　昌明文化有限公司
桃園市龜山區中原街 32 號
電話　(02)23216565
發　　行　萬卷樓圖書股份有限公司
臺北市羅斯福路二段 41 號 6 樓之 3
電話　(02)23216565
傳真　(02)23218698
電郵　SERVICE@WANJUAN.COM.TW
大陸經銷
廈門外圖臺灣書店有限公司
　　電郵　JKB188@188.COM

ISBN 978-986-496-519-9
2019 年 3 月初版
定價：新臺幣 300 元

如何購買本書：

1. 轉帳購書，請透過以下帳戶
　合作金庫銀行　古亭分行
　戶名：萬卷樓圖書股份有限公司
　帳號：0877717092596

2. 網路購書，請透過萬卷樓網站
　網址 WWW.WANJUAN.COM.TW

大量購書，請直接聯繫我們，將有專人為您
服務。客服：(02)23216565　分機 610

如有缺頁、破損或裝訂錯誤，請寄回更換

國家圖書館出版品預行編目資料

漢川善書 / 漢川市文化體育新聞出版局主編.
-- 初版.-- 桃園市：昌明文化出版；臺北
市：萬卷樓發行, 2019.03
　　冊 ；　公分
ISBN 978-986-496-519-9(下冊：平裝)

1.勸善書　2.讀物研究　3.湖北省

192.91　　　　　　　　　　108003237